ハイデガーの政治的存在論

ピエール・ブルデュー

桑田禮彰・訳

l'ontologie politique de martin heidegger

pierre bourdieu

Bourdieu Library

藤原書店

Pierre BOURDIEU

L'ONTOLOGIE POLITIQUE DE MARTIN HEIDEGGER

This book is published in Japan by arrangement with
les Éditions de Minuit, Paris,
through le Bureau des Copyrights Française, Tokyo.

ハイデガーの政治的存在論／目　次

ハイデガーの政治的存在論

マリ＝クレールに

凡例

一　訳文中、原則として（　）は原著者のもの、〔　〕は訳者の補足である。

一　原書のイタリック体は、原則として、書名・紙誌名の場合『　』で、それ以外は、、、で表記した。

一　原書に〈　〉は無いが、意味の切れ目を明示するために、訳者の責任において付した。

一　原書には、随所でドイツ語、英語、ラテン語、ギリシャ語が挿入されているが、原則として邦訳のあとに原語を付した。

一　各章の小見出しは、原書には無い。訳者が付けたものである。

一　邦訳のあるものは、できるかぎり、「　」で指示したが、訳文は必ずしもその邦訳書には従っていない。

読者の皆様へ

この文章は、初め一九七五年に、ほんの少し異なるかたちで『社会科学研究学報 Actes de la recherche en sciences sociales』誌上に発表されました。本書は、何よりもまず方法の練習のつもりで、それ故、告発を行なおうなどという発想の埒外で書いたものです。科学的分析というものは、訴訟の論理とは、また、その論理があおり立てる詰問めいた問いかけ（ハイデガーはナチスだったのか、彼の哲学はナチスのものだったのか、ハイデガーを教える必要があるのか、など）とは、何の関係もありません。したがって、いまこの哲学者をめぐって不健全な大騒ぎが沸き起こっていますが、この騒ぎが本書にとって有利に働き本書がきちんと受けとめてもらえる、などということはおよそ期待できません。本書は、今にかぎらずいつでも、時流に乗らないはずです。

私が初出の文章にほどこした主な変更は次のとおりです。まず、いくつかの注を新たに付けて、一九八七年現在で明らかになっている歴史情報を盛り込みました。また、初出の文章では、はじめの二つの章と最終章の後半でハイデガーが用いる言葉について、そしてその言葉が読者に要求する読み方について分析を行なっていたのですが、読者が理解しやすいようにという配慮から、その部分を後半にまとめ三章仕立てにしてみました。しかし、このように構成を変更したせいで、かえって読者は次のことを見逃すおそれがあるので、お気をつけください。本書は、ハイデガー哲学に備わる政治的意味のいくつかを明らかにしましたが、それらの意味は読者の眼には、実に意外と映るはずです。しかも当時、歴史家もそれらの意味を全て知っていたわけではありませんでした。見逃さないでいただきたいのは、そうした意味を発見する作業が、一般にイメージされる社会学のやり方に反して、まさにハイデガーの著作それ自体の読解によって、つまりハイデガーの著作の二重の意味やほのめかしを読みとることによって行なわれた、ということです。時間性の理論の核心には「福祉国家糾弾」という政治的意味が埋めこまれていますし、「反ユダヤ主義」という政治的意味が彷徨の糾弾というかたちに昇華されました。ユンガーとの対話のもってまわったほのめかしの中には「ナチスとの関わりを捨てることとの拒否」という政治的意味が刻みこまれています。そして、ヒトラー体制との断絶は、フーゴー・オットが示したように、直接的には、哲学的総統としての使命を何としても果したいというこの哲学者の革命的情熱が、その体制から認めてもらえるようには思えず失望したことが引き金になりましたが、こうしたヒトラー体制との断絶を引き起こした「保守的超革命主義」は、〈徹底的な乗り越え〉という哲学的戦略を導くものとして、哲学のうちにも読み取れるのです。

以上の政治的意味はすべて、ハイデガーのテキストのうちに実際に読み取ることができたものですが、正統な読み方を擁護する人びとは、こうした読み方をいっさい認めようとしませんでした。彼らは、科学の進歩にとり残され、さまざまなかたちでおびやかされながら、没落貴族のように、哲学の哲学にしがみついています。存在論と人間学との間に聖なる境界線を引いたのは、ハイデガーが初めてです。彼は、その線引き作業というかたちで、そうした「哲学の哲学」の模範的な表現をこれらの人びとに与えました。しかし彼らは、「明晰さの専門家に特有な盲目」について自問しなければならなくなる瞬間を、先送りしているにすぎません。ハイデガーはそうした盲目を、あらためて最も完成されたかたちで表現し直したのであり、知ることを拒絶する彼らの態度と尊大な彼らの沈黙は、そうしたハイデガーの盲目を反復し追認しているのです。

序論　いかがわしい思想

いかがわしい louche――文法用語では、「初め或るひとつの意味を示すように見えながら最終的にはそれとは全く別の意味を規定するような」の意。特に、構文が用語法の明瞭さを著しく害なうようなあいまいな言い回しになっている文章について言われる。したがって、或る文章がいかがわしくなるのは、その文章を構成する単語が特殊な仕方で配列され、一見すると或る関係にあるように思えるが実は別の関係にある、というような場合である。したがってまた、いかがわしい人物とは、或る立場から見ているように思えるが、実際は別の立場から見ている者のことを言う。

（M・ボーゼ『体系的百科事典――文法と文学』第二巻）

哲学の時代性と純粋性

ハイデガーの「純粋哲学」（クローチェの言葉）[1] ほど、状況と時代に深く結びついた思想は、めったにないと思う。あの絶対的な著作の中には、時代がかかえるあらゆる問題が、そしてそうした問題に対する「保守的革命家たち」のあらゆるイデオロギー的解答が、昇華され見分けにくいかたちで、提示されている。しかしまた、これほど歴史を無視して読まれてきた著作も、めずらしいと思う。『存在と時間』の著者がナチズムに妥協したことを断固として告発する人びとが、著作を読まなかったからである。彼らは、著者の政治的関わりを示したり明らかにするのに役立つ手掛かり・告白・痕跡を、著作それ自体の中に探すことをいつも怠ってきた。

だからといって、体系性だけを別にすればハイデガー思想によく似ているが、もっと学術的婉曲表現が少なく状況と結びついた言説を見つけ出して、それとハイデガー思想を並べてみせても、それだけでは、ハイデガー思想が歴史的状況および文化的コンテキストとたえずどこでも対応関係を持っていることを立証したことにはならない。そうした比較は、ハイデガー思想がそれらの言説に依存していることを証明する場合だけでなく、哲学的生産活動の領域 champ が備えている相対的な自律性のせいで、それらの言説から独立していることを証明する場合にも、同じように有効なものとして使えるからである。領域効果（つまり哲学の小宇宙に特有な制約が哲学的言説の生産に及ぼす効果）によって、絶対的自律性という幻想に客観的基礎が与えられ、この幻想を根拠として、逆説的にも、「体系性だけを別にすれば」というようなつきあわせ方は許されなくなる。ハイデガーの著作を、哲学における（つまり哲学という相対的自律性をそなえた領域における）保守的革命家のそれとみなし、ゾンバルトやシュパンのような経済学者とかシュペングラーやユンガーのような政治評論家のそれに類似したものととらえることは、アプリオリに禁じられ拒否されるのである。この哲学という分野においては、「他の点では全て等しい」という考え方が許されていない。もし多少でも許されていたら誰だって、右述の人びとはハイデガーにきわめて近い、と言いたくなるはずである。したがって分析が十全なものとなるためには、分析は根本において、次のような二重の拒否を行なわなければならない。一方で、哲学のテキストをその生産の最も一般的な条件に直接還元することを拒否すること。他方で、哲学のテキストが絶対的自律性を備えているという主張を拒否し、あわせて、その主張から帰結する姿勢、いっさいの外的対応関係を認めない姿勢を拒否すること。「独立性とは、哲学領域の内的動きに特有な法則にもっぱら注目した場合の、依存性の別名にすぎない」ということを、はっきり理解するかぎりで、独立性を認めることができ、「依存性は哲学の領域に特有なメカニズムにより媒介されてはじめて機能するから、その媒介によって依存の結果は体系的変容をこうむる」ということをしっかり考慮するかぎりで、依存性を認めることができるのである。

政治的かつ哲学的に読むこと

したがって、政治的な読み方と哲学的な読み方を対置するのをやめ、政治と哲学を切り離さないように二重に読む必要がある。ハイデガーの著作は、根本的に両義性によって、つまり二つの心的空間に対応する二つの社会的空間に照らして、定義されるからである。アドルノは哲学の領域の相対的自律性を無視し、ハイデガー哲学の関与的特徴を、直接、ハイデガーが属する階級的部分の特性に結びつけてしまう。アドルノは、こうした「短絡」のせいで、ハイデガーがもってまわった言い回しで表現するイデオロギーを、産業社会によって乗り越えられ独立性も経済権力も持たない知識人集団の表現とみなさざるをえなくなる。もっとも、こうした結びつけそれ自体がまちがっているわけではない。さらに、アドルノは不安ないし不条理というテーマと、そうしたテーマを生み出した者たちの実際上の無力とを結びつける（これは特にリンガーの著作公刊後のことであり、そこでリンガーは、自分が「ドイツ的エリート知識人」と呼ぶ人びとの反動的保守主義へ向かう動きを、支配階級構造内で彼らの地位が没落したことと関連させて論じている）が、この結びつけもそれ自体まちがいではない。問題なのはアドルノが、哲学という領域をかたちづくるさまざまな立場として現われる決定的な媒介作用をとらえそこない、それらの哲学的諸立場と哲学体系の背後の基本的諸対立との関係をとらえそこなったことである。その結果、アドルノは、一種の錬金術が哲学的言説をその生産者の階級的位置へ直接還元されることから守っているという点を見逃がし、同時に、人びとの眼に本質的と映るとはどういうことかを、つまり哲学という形式をとることの効果を、説明できなくなったのである。

ナチスへの加盟をたてにとって哲学を非難する中傷家たちも、哲学をナチスへの帰属から切り離して考える礼賛者たちも、「ハイデガー哲学とは、ハイデガー自身のナチス加入のもとになった政治的ないし倫理的原理を、哲学的生産の領域特有の検閲に応じるかたちで、哲学的に昇華したものにすぎないのではないか」ということを考えようとしない点では、同じである。ハイデガーの敵対者たちは、伝記的事実に執拗に問いかけはするものの、その事実を著作内部の論理と関係づけようとはしないが、「事実の批判的立証」と「テキストの解釈」とを切り離す点で、ハイデガーの擁護者と変わるところはない[2]。擁護者たちは、はっきり言葉にしてその切り離しを主張しているだけである。一方には、公的・私的な出来事からなる伝記がある。一八八九年九月二六日にシュバルツ・バルトの小さな村の職人の家庭で誕生、メスキルヒの小学校、コンスタンツおよびフライブルク・イン・ブライスガウの中等教育、一九〇九年にフライブルク大学入学、哲学および神学の受講、一九一三年に哲学の学位、ナチス入党、学長演説、沈黙。他方には、哲学者の日常生活の出来事から全く切り離されて「真っ白になった」知的伝記がある。一九一五年から一九五八年までにハイデガーが行なった授業のリスト「マルティン・ハイデガー講義・演習目録 Verzeichnis der Vorlesungen und Uebungen von Martin Heidegger」が、その典型的な資料である。こうして、思想家が俗世間で行なう唯一正統な実践とは哲学教育であるとみなされて、思想家が哲学教育に還元され、さらには哲学教育の公務的面にまで還元されると[3]、思想家は思想と完全に同一視され、人生は著作と完全に同一視されることになり、著作は自己充足し自己生成する存在となるのである。

しかし、徹底的に還元を行なっている批判者は愕然とするはずだが、最も直截に政治を論じている文章[4]の中にも、典型的なナチス用語や「『民族の監視人 Völkische Beobachter』の論説とかゲッベルスの演説とかから借用した言葉[5]」にまじって、ハイデガー独特の哲学用語（存在の本質 Wesen des Seins、人間的現存在 menschliches Dasein、本質意志 Wesenswille、運命 Geschick、孤独 Verlassenheit など）がみつかるのである。重要なことは、ハイデガーのナチス加担の証拠としてよく取り上げられる「ドイツの大学の擁護 défense（ドイツ語は Selbstbehauptung〔自己主張〕。フランス語に直訳すると、多少大げさな感じになるが auto-affirmation）[6]」というタイトルの一九三三年五月二七日の学長就任演説を、リチャードスンの描く歴史のように純粋な——純粋に内的な——ハイデガー思想の歴史の中に、位置づけることができる、ということである。そうした位置づけを行なうに際して、リチャードスンは、あのように無理やり純化させた歴史を描きながら、状況における態度決定を、（たとえば客観的科学に対する攻撃をともなう）哲学理論からそのまま帰結した（ガダマーの言う意味での）応用に仕立て上げようとするから、おそらく苦心さんたんしたはずである。しかし、カール・レーヴィットの場合は、この学長就任演説のテキストに備わる両義性を、次のようにしっかり言葉にしている。「ワイマール体制崩壊後にナチス『協力派』の教員たちが公にした無数の小冊子・演説に比べると、ハイデガーの演説はきわめて哲学的で厳格な体裁を取っており、短いが表現と構成の点でなかなかの傑作である。哲学の基準に照らすと、この演説は、終始稀にみる両義性で貫かれている。この演説が、実に見事に実存論的・存在論的カテゴリーを歴史的『瞬間』にしばりつけるので、『こうしたカテゴリーの哲学的意図は政治状況と、また研究の自由は国家的強制と、アプリオリに対応関係を持つ』という錯覚が、それらのカテゴリーから生まれたのである。『労働奉仕』や『軍への奉仕』が『知への奉仕』にぴたっと符合しているので、演説が終わっても聴衆には、ヘルマン・ディールスの書いた『ソクラテス以前の哲学者たち』を開くべきか、それともナチス突撃隊の列に加わるべきか、どちらにすべきかが分からないのだ。したがって、純粋に政治的な観点か純粋に哲学的な観点か、どちらか一方の観点だけから、この演説を判断することはできない[7]」。

たとえば新カント学派に対立する立場にあるものとしてハイデガーを哲学「固有の」空間――つまり相対的自律性をもった哲学史――の中だけに閉じこめてしまうのは誤りであるが、それと同様、ハイデガーの思想がシュペングラーとかユンガーのような評論家の思想に類似しているということを根拠にして、ハイデガーを政治的空間にのみ位置づけるのも、全くの誤りである。ハイデガー思想特有の性格・効果の原理は、このように照合すべき基準が二重になっていることのうちにあり、ハイデガー思想を十全に理解するためには、ハイデガーの政治的存在論それ自体が実際に行なっている二重の関係づけを、私たちの側も意識的かつ方法的に行なわなければならない。ハイデガーの政治的存在論とは、哲学的にしか表明されない政治的態度決定なのである。

学術的言説に存在理由を与えている諸関係の完全な体系を明らかにするのは、気の遠くなるほど大変な作業である。この作業の難しさ——それが学術的言説を客観化から最も強力に守っている。本書の場合、その作業とは、第一に哲学的生産の領域の構造とその構造が出来上がるまでの歴史全体を再構成し、第二に哲学者という集合体に（ハイデガー好みの言葉で言うと）「陣地」や役割をあてがう大学という領域の構造を再構成し、第三に教員のポストやその改廃を決定する権力の領域の構造を再構成すること、そして第四にそれを通して、少しずつワイマール・ドイツの社会構造全体を再構成していくことであり、それ以上でも以下でもない[8]。本書の企てがこのように大きなものであるから、本書の科学的分析は、次のような両陣営から二重に批判をこうむる運命にある。ひとつは、作品についての内的省察以外のいかなるアプローチも、冒瀆とか通俗化とみなす形式の擁護者たちからの批判、もうひとつは、「分析の果てに」何を思考しなければならないかを知っているのに、現実に行なわれているあらゆる分析のやむをえない限界を告発ばかりして、分析をやり遂げ思考のうちに身を置こうという努力をいっさいしない人びとからの批判である[9]。

第*1*章　純粋哲学と時代精神

両大戦間ドイツのイデオロギー的雰囲気

ハイデガーは「憂慮すべき私たちの時代に in unserer bedenklichen Zeit」というような言い方をする。この言葉は、字義どおりに受け取らなければならない。「危機的な時点 das Bedenkliche」とか「最も危機的な時点 das Bedenklichste」などと彼が言う場合も、そうである。[1] ハイデガーはそうした言葉で予言的効果を狙っているのかもしれない（「私たちはまだ考えていない」というような表現から感じ取れる）。しかし彼が、自分は危機的時点つまり「革命的状況 Umsturzsituation」を考えていると言うとき、それは嘘ではない。彼は、彼なりのやり方で、ドイツが舞台になった深刻な危機のことを、たえず考えていた。厳密に言えば、ドイツの危機、そしてドイツの大学の危機は、彼を通じて、たえず考えられ表現されていたのである。第一次世界大戦、一九一八年一一月の（部分的な）革命（この革命は、それまでは可能性でしかなかったボルシェヴィキ革命を実現したものであり、たとえばリルケやブレヒトのように一時期は熱狂的支持に回った作家・芸術家たちを徹底的に裏切ると同時に、保守的な人びとを長い間、脅かした）、[2] 政治的暗殺（首謀者が罰せられないままになることが多かった）、カップ Kapp の政治的暴動をはじめとする国家転覆の試み、敗戦、ヴェルサイユ条約、フランス人によるルール占領、言葉と血の共同体としての「ドイツ人

Deutschtum」意識をかきたてた領土割譲、特に中産階級 Mittelstand に打撃を与えた大インフレ（一九一九—一九二四年）、技術と労働合理化を偏執的に追い求める風潮が急激に広がった短い繁栄期（いわゆる Prosperität）、そして最後に一九二九年の大恐慌。これらの出来事でドイツ人は塗炭の苦しみを味わったが、このときの経験が知識人の一世代全体の社会観の特徴となり、その後も、さまざまな段階を経て、さまざまな結果をもたらしながら、長期間にわたって変わることはなかった。この経験は、「大衆の時代」とか「技術」についての無数の言説の中で、また、表現主義の絵画・詩・映画の中で、さらに世紀末ウィーンに始まった運動のあの悲壮な最終的到達点「ワイマール文化」の中で、多少婉曲に表現されている。「ワイマール文化」とは、「文明の不快感 malaise de la civilisation」に、戦争と死の幻惑に、技術文明や権力に対する反抗に、とりつかれた文化である。

まさにこのコンテキストにおいて、きわめて独特なイデオロギー的雰囲気が、まずはじめは大学の周縁で発展し、教養のあるブルジョワジー全体に少しずつ広がっていく。この形而上学的－政治的な通俗思想が、経済学ないし哲学の学術的理論の通俗化なのか、それともたえず自律的に創作しなおされていったものなのか、断言するのは難しい。しかし、「通俗化」のプロセスが存在するとみなせる根拠はある。同じことを表す言い回しでも、形式（つまり婉曲化と合理化）が要請されるレベルに応じて、婉曲なものから直截なものまで、少しずつ程度の異なるさまざまな一連の言い回しが見いだせる、という事実がそれである。シュペングラーは、ゾンバルトやシュパンの「通俗版」として現われるが、さらに彼自身も学生や「青年運動」の若い教員たちによって「通俗化」されるように思える。この若い教員たちは、生まれた土地、民衆、自然の中で（森を散策したり山登りをして）「根を下ろすこと」によって、「疎外」（当時のキーワードのひとつ。ただし「故郷喪失」の同義語として使われた）をなんとか終わらせようとし、自然の親しげな声が聞き取れない知性・合理主義による専制を告発し、文化へ、そして内面性へ帰ろうと、つまり安逸と利益をブルジョワ的・物質主義的・通俗的に追求するのをきっぱりやめようと訴えた。しかし、こうした思想の流布は、通俗化とは逆向きにも行なわれている。

この雑種的で雑然とした言説は、集団的な雰囲気 Stimmung を、ぼんやりとあいまいなかたちで、客観化したものにすぎない。つまりスポークスマンたちは、この集団的雰囲気のこだまにすぎないのである。民族的 völkisch 雰囲気とは根本的には、世界に対する関わり方の或る心的傾向のことであるが、この傾向は、言説その他の表現形式で客観化され尽されているとみなすことはできず、身体的ヘクシスや言語への関わりにも注目して識別する必要がある。また、不可欠のやり方というわけではないが、この傾向は、キルケゴール、ドストエフスキー、トルストイ、ニーチェといった大文学者・大哲学者や、倫理・政治・形而上学の学術論文に注目しても識別できる。言うまでもなく、一九世紀以降で見てもパウル・ド・ラガルド（一八二七年生れ）、ユリウス・ラングベーン（一八五一年生れ）、もう少し後になると、アダム・ミューラーの後継者オトマール・シュパン（一八七八年生れ）、『行動 Die Tat』の編集者ディーデリヒス（彼の「新ロマン主義」は、彼が没する一九二七年まで大変な影響を与えた）らがいるし、ハウストン・スチュアート・チェンバリンがタキトゥスの『ゲルマニア』から導き出した古代ゲルマン観（人種主義的理論に支配された古代ゲルマン観）を展開した一群の歴史家たちもいる。また、民族的 völkisch 小説家たちがいるし、農村生活、自然、自然への還帰を賛美する『ブルーボ Blubo（血と大地 *Blut und Boden*）文芸』もある。クラーゲスやシューラーの「宇宙」のような秘教的サークルをはじめとして、霊的経験についてのおよそ想像しうるあらゆるかたちの研究がある。ワグナー的ドイツを純化し英雄視する反ユダヤ主義の新聞『バイロイト新聞』、国立劇場の大がかりな興行、アーリア主義の人種主義的な生物学・文献学、そしてカール・シュミットの法律学もある。民族的イデオロギーの手引書、特に郷土誌 Heimatkunde と呼ばれる郷土賛美の手引書による教育とその影響だってある。(3) 以上のような無数の「源泉」に足を取られていてはならない。これらの源泉は、実にさまざまなところからほとばしり出ながらも、或るひとつのイデオロギー的布置の根本的な特性を教えてくれる。この布置は、エクスタシーないし義憤の叫びとして機能する言葉と、解釈し直された半学術的なテーマとから成る。そうしたテーマは、ハビトゥスの組織化と、幻想の共有による感情的一致とに基づいているので、客観的にきちんと組織化されている個々人の創意が「自発的に」生み出したものと見える。この場合の幻想は、統一の仮象と同時に、無限の独創性の仮象を与えるのである。

家父長制／回心／山岳

しかし、時代それ自体が憂慮すべきものとして現われるのは問いを通してであるが、民族的雰囲気とは、そうした問いの全体でもある。そうした問いは、魂の状態であるかぎりは漠然としているにしても、技術・労働者・エリート・人民・歴史・党に関する幻想であるかぎりは強力で、人びとの頭にこびりついている。このパトスの問題状況の特権的表現となるのは映画であるが、それは少しも驚くべきことではない。たとえばルビッチの群衆の場面、パープストの映画（「ひとdas Man」を典型的に表現した作品）の末尾、あらゆる幻想問題が集約されたようなフリッツ・ラングの『メトロポリス』[4]（ユンガーの『労働者 Der Arbeiter』[5]を柔軟に脚色したもの）には、それが表現されている。

民族的イデオロギーは、ぼんやりして雑種的な性格を持っているので、一般に理性的表現にはなじまないが、理性的表現のうちでは、文学、特に映画がこのイデオロギーを表現するには最適であった。この点で、ジークフリート・クラカウアーの著作『カリガリからヒトラーへ——ドイツ映画の心理学的歴史』（Siegfried Kracauer, *De Caligari à Hitler, une histoire psychologique du cinéma allemand*, Lausanne, L'Age d'homme, 1973）は、時代精神をおそらく最も見事に喚起してくれるもののひとつである。当時の映画では街路や大衆がひっきりなしに映し出されるといったこと（五七―一八八ページ）に加えて、「『より良き未来』とは古き良き時代へ帰ることである、とみなした」（一八八ページ）ルードヴィヒ・ベルガーの二本の映画、『一杯の水 Ein Glas Wasser』と『シンデレラ Der verlorene Schuh』に見られるような「家父長的絶対主義」のテーマや、「外部世界のいかなる変容よりも重要視された」（一一九ページ）「回心 innere Wandlung」のテーマが現われていることも、指摘されている。「回心」は、ドイツのプチブルの心に最もうったえるテーマのひとつであった。それは、メーラー・ファン・デン・ブルック訳のドストエフスキー著作集が当時驚異的なベストセラーになった(6)ことからも分かろう。最後に、もうひとつ別のテーマが驚異的なブームになっていたという。「ドイツ人という類にとってのみ」命の源となった「山岳」というテーマである。特にアーノルド・フランク博士の映画はすべて、このテーマに取り組んでいる。フランクは、いわば、あの「きらきら光る氷塊と膨らんだ心情との交錯」の専門家であった。ジークフリート・クラカウアーが述べているように、実際「フランクがきわめて壮麗な角度から懸命に大衆に広めようとした山岳の教えは、学会での地位を備えた多くのドイツ人の心情であるとともに、若い大学人の一部を含めそうした地位を持たない他のドイツ人の心情でもあった。第一次世界大戦のかなり前のことだが、ミュンヘンの学生たちは、毎週末になると灰色の都会を離れ、すぐ近くのバイエルン・アルプスに出かけ、情熱的に時を過ごしたものだった。(……)プロメテウス的熱情に満たされながら、彼らは、危険な『岸壁の裂目《チムニー》』を登り、頂にたどりつくと、彼らが『ブタどもの谷』と呼ぶ下界を誇らしげに見下ろしながらパイプをくゆらせるのであった。『ブタども』とは、高くそびえた頂まで登ろうとほんのわずかも努力しない下層の大衆のことである」(一二一—一二二ページ)。

シュペングラーとトレルチ

シュペングラーは、集団的雰囲気のこうした変化を予感ないし実感するのに格好の位置にいたので、このイデオロギー的雰囲気を次のように適確に描きだしている。「ファウスト的思想が、機械に対して吐き気をもよおしはじめる。倦怠感のようなものが広がる。反自然闘争内に現われた一種の平和主義である。人間たちは、より簡素で、より自然に近い生活様式へ戻っていき、技術習得よりスポーツに時間を費やすようになる。大都会は彼らにとって耐えがたいものとなり、彼らは、魂の抜けた行為をせざるをえないという重苦しい圧迫感から逃れたい、技術システムが醸し出す硬直し冷淡な雰囲気から逃れたい、と切実に願う。そして、力強く創造性に富んだ才人は、そのように現実的な問題と科学に背を向けて、無私無欲の思弁へおもむく。秘術研究や交霊術、インド哲学、形而上学的好奇心は、いずれもダーウィンの時代には軽蔑の的であったが、キリスト教の衣や異教の衣をまとって甦ってくる。これは、アウグストゥス時代のローマ精神なのだ。人間たちは、生活にうんざりし文明を逃れて、まだ原始的な生活環境が残っている国とか、放浪とか自殺とかに、逃げ場を求めているのである」(7)。また、エルンスト・トレルチは、一九二一年に公にされた論文で、もっとつきはなした――したがってもっと客観的な――視点から、以上のような人びとの態度から成るシステム全体について、同じような包括的直観を提示している。彼によれば、「青年運動 Jugendbewegung」の大きな特徴とは、次のようなもののいっさいに対する拒否である。訓練、規律、成功・権力のイデオロギー、学校が課す極端で浅薄な文化、知性偏重と文学的慢心、「大都会」と自然でないもの、物質主義と懐疑主義、金銭・名声の専横・支配――これらがすべて拒否される。さらに彼は、以下のような特徴を上げている。「総合、体系、世界観 Weltanschauung、価値判断」が待ち望まれていること。マルクス主義の精神的空虚さや合理主義や民主主義的悪平等と拮抗するために、無媒介性、斬新な内面性、新たな知的精神的特権階級が、切実に求められていること。ガリレイとデカルト以来のヨーロッパ哲学全体が数学化・機械化されたことに対して、敵意が抱かれていること。進化論的発想、あらゆる批判的主張、あらゆる厳密な方法、思考および研究のあらゆる厳正さが、拒否されていること。(8)

大学内に広がる反主知主義

「教養人のための教養あふれる教え(9)」である民族的言説は、大学の周縁のサロン的サークルや芸術家知識人グループの中から次々と芽を出し、大学の中で花をつける。大学内では、はじめは学生や下級の教員たちに広がり、そのあとで或る複雑な弁証法――ハイデガーの著作はその一契機である――を経たのち、大学者たち自身へと至る。経済的および政治的な出来事が、大学界特有の危機に媒介されて効果を及ぼす。その危機の原因になったのは、学生数の急増(10)と就職口の不安定、「大学レベル以下のところで教える」か大学の周縁で食いつなぐしかない大学人プロレタリアの出現（たとえばヒトラーの心の師で、ミュンヘンの小雑誌『直言 Auf gut Deutsch』の不遇な編集者、D・エッカート）、インフレによる大学教員の経済的・社会的地位の低下である。こうした大学教員たちは多くの場合、保守的、国家主義的、さらには攘夷主義・反ユダヤ主義的立場をとる傾向が強かった(11)。さらに、国家と大企業がさまざまな理由と目的を付して大学に突きつけた「もっと実践的な教育を」という要求の効果があったし、大学に対する諸政党からの批判の効果もあった。諸政党は、一九一九年以降、自らの綱領の中に教育改革の項目を入れるようになり、大学の知的・精神的な貴族主義の伝統に異議を申し立てるのである。[12]

知的プロレタリアとしては、「ポストが無いので大学レベル以下で教えざるをえない博士号取得者」[13]がいたし、大きな研究所が『「国家資本」の企業になっていく』につれ「地位の低い知的労働者」[14]も増加していたが、知的プロレタリアの数を膨れ上がらせたのは、いつまでも卒業しない学生である。ドイツの大学システムの論理のおかげで、学生が低い地位の教員として居座ることができたのである。大学システムがもっと厳格だったら文学的雰囲気のただようカフェへ追い払われていたはずの「自由な知識人階級」が、こうして大学の真っ只中に存在するようになった。彼らは大学からの精神面の高い処遇と物質面の低い処遇の落差によって文字通り引き裂かれ、前衛の役割を担うような性向を身につけて、経済的・象徴的特権が脅かされている大学人の集団的運命を、前もって察知し他に先駆けて生きるのである。[15]

その場合、「大学の危機」には、アロイス・フィッシャーの言う「権威の危機」がともない、教職の権威が根本から定義しなおされるようになる。大学内の決定機関とその機関による決定に対する異議申し立ては、この場合も反主知主義というかたちを取った。反主知主義というものはいつでも、あらゆるかたちの神秘的ないし唯心論的な非合理主義と同じで、こうした異議申し立てを行なうときの有効なやり方である。しかし、自分たちの将来が脅かされた学生や下級教員のこの反主知主義は、既成の教育体制を根本的に問題にするところまで進めなかった。フィッシャーも指摘するように、この反主知主義は、自然主義的実証主義、功利主義など、教授たちのあいだでも従来から信用を失なっていた知的伝統を攻撃していたからである(16)。教授陣の相対的地位の客観的低下と、(自然科学と人間科学が進歩し、それにつれて学問の階層秩序が激変するとともに)一九世紀以来「文学部」をおそった特有の危機は、大学教員たちを、西欧文化ないし文明の衰退に対して哀悼の意を表す人びとの列に参加するよう、いざなうことしかできなかった。一九一八年以降、ドイツの大学の真っ只中で主張された保守的な憤り、「個人主義」(ないし「自我主義《エゴティスム》」)追悼とか、「功利主義、物質主義的傾向」告発、知識の危機(Krise der Wissenschaft)告発といったスローガンないし常套句によってはぐくまれた保守的な憤りは、政治的には保守的で反民主的な色合いを持っていたが、それは、ドイツの大学のアカデミックな規範と知的貴族主義の理念とに対して左翼政党が開始した(そして、少なくとも部分的には、人間科学と特に社会学が引き継いだ)攻撃に反撃するかたちで、展開されたからである。フリッツ・リンガーが指摘するように、この頃、たんなる情動的刺激として機能しながら或る政治的世界観全体へと人びとを誘導するような言葉が使われた。たとえば「崩壊 Zersetzung」とか「分解 Dekomposition」という言葉がそれで、これらの言葉は、「産業社会」内の人間相互の自然的・非合理的ないし美的な絆の衰弱を連想させるばかりでなく、社会的団結の伝統的基礎を批判的分析に委ねることによってその基礎の破壊に一役かうような知的技術をも連想させる。ドイツの大学教員たちが彼ら自身の言葉で生み出した、反近代主義、う文化の危機ではなく自分たちの文化資本の危機に反応するかたちで生み出した、反近代主義、反実証主義、反科学主義、反民主主義等々の文章を、リンガーは、うんざりするほど引用している。

「私たちはいたるところで、有害な中傷、恣意的なもの、形の整わないもの、この機械時代の平準化・機械化の力、健全で高貴なもの全ての方法的解体などによって、おびやかされている。つまり、力強く誠実なもの全てをばかにしようという意志、人間が自らを高めて〔神に〕仕える者になれるようにしてくれる聖なるもの全てを辱めようという意志に、侵略されているのである」[17]。「大衆が重い足取りで、奴隷かロボットみたいに、魂や思想を持たない機械的な存在として、つらく単調な自分たちの人生の道を前進しているかぎり、専門化され型にはまった彼らの思考パターンにとっては、根本的に機械化されたものとして現われないようなものは、自然のうちにも社会のうちにも何もない。いかなるものも、工場の大量生産によって生み出される製品のようなもの、つまり平凡で平均的なものであり、たがいによく似ており、数によってしか区別できない、と彼らは考えている。人種間、民族間、国家間に違いはなく、才能や成功の階層秩序はなく、或るものの別のものに対するいかなる優越性もない、と彼らは考える。そしてさまざまな生活モデルがあいかわらず存在している場合には、彼らは、生れ・教育・教養などの高貴さに対する憎しみを抱きながら、決定的に平準化しようとするのである」[18]。

シュペングラーとハイデガー

専門の思想家は、自分ひとりで社会的世界について考えているつもりでも、すでに考えられたことに基づいて、つねに考えている。たとえばヘーゲルでも、自分がいつも読んでいた新聞とか、ベストセラーになった政治評論家の著作とか、自分の同僚の作品に基づいて、社会的世界を考えているのである。そうしたものはすべて、たしかにこの社会的世界について語っているが、その語り方は――程度はいろいろだが――いずれも知的な仕方で婉曲な表現になっている。ヴェルナー・ゾンバルト、エドガー・ザーリン、カール・シュミット、オトマール・シュパンのような大学人の文章、メーラー・ファン・デン・ブルック、オズヴァルト・シュペングラー、エルンスト・ユンガー、エルンスト・ニーキッシュのような評論家の文章、そしてドイツの大学教員が自らの講義・講演・論文で日々生み出した無数のさまざまなかたちの保守的イデオロギーないし「保守的革命」のイデオロギー――これらのものは、ハイデガーにとって、これらのものにとってハイデガーがそうでありお互いどうしがそうであったように、思考の対象、しかも特別な対象であった。これらのものは、(思考図式・表現図式を除けば) ハイデガー自身の倫理‐政治的傾向とよく似た客観化を行なっているのだから。

このようなテーマや語彙が似た者どうしの無数の出会いは、出会った両者を強化していくが、そうした無数の出会いの全体をとらえるには、時代精神のスポークスマンたちの著作全体を引用しなければならないだろう。彼らは集団全体を表現し、人びとが共通に持っていた性向について特に見事な客観化を行なうことによって、心的構造をかたちづくることに大いに貢献するのである。特にシュペングラーについて考えてみよう。一九三一年に書かれた彼の小著『人間と技術』

は、『西洋の没落』のイデオロギー的内容を凝縮したものである。『西洋の没落』は第一巻が一九一八年に、第二巻が一九二二年に公刊され、基本文献になった。

「合理主義・自由主義・社会主義についての通俗的理論」(『人間と技術』一二五ページ)に対する告発の核心は、「下卑た楽観主義」(三八ページ)、技術進歩への信仰(四四ページ)、「淡い青色とバラ色の混じったキャンディみたいな進歩主義者の希望」(四六ページ)——この「希望」は、「はかなさ」「生れ」「堕落」といった、人間存在の真理からの逃避についてハイデガーが語るとき用いるのとよく似た言葉で記述される——などに対する批判にある。「死を覚悟した意識」(四六ページ)と「気がかり」、つまり「精神的な使命を未来へ投影すること」と「自分がこれからなろうとしているものに関心を持つこと」(六六ページ)が、人間存在の二つの特徴としてとらえられたということ、そして、この「死を覚悟した意識」と「気がかり」という二つのテーマが、粗雑なかたちとは言え、こうした文脈で展開されたということは重要である。ファウスト的科学は、たんなる「神話」だが、ただし「或る実用的な仮説」に基づいた神話である。この仮説が「めざすのは、宇宙の秘密を一挙に把握したり暴露することではなく、そうした秘密を一定の目的のために利用できるようにすることである」(一二七ページ)。こうした科学と、自然を支配しようとする悪魔的な意志は、私たちを「技術信仰」つまり正真正銘の「物質主義的宗教」(一三二ページ)へと導く。この科学および意志に対する批判は、技術による人間の支配(一三八ページ)、「世界の機械化」、(「まだ純朴な民衆による手作りの作品」の対極にあるような)「人工的」なものの君臨(一四三ページ)、といった(「技術の本質」について語りながらハイデガーが到来を告げる)終末論的状況が進展する中で行なわれる。「生きているあらゆるものは、組織という万力にしめつけられて、死に瀕している。人工の世界が自然の世界に侵入し、自然の世界を中毒させている。文明それ自体が、いっさいを機械的に作り出すあるいは作り出そうとする、機械になってしまった。私たちはもはや、『馬力』の言葉でしか、ものを考えられない。私たちは、滝を眺めながら、必ず心の中でその滝を電気エネルギーに変換してしまうのである」（一四四ページ）。

以上のような中心テーマは、はっきりした論理的つながりがないまま、「弱者に対する強者の特徴となり、愚者に対する賢者の特徴となる」ような「自然のカテゴリー」（一二二ページ）に対する熱狂的な支持や、「自然の階層秩序」（一〇六ページ）の直截な主張と絡みあっている。この階層秩序は、たとえばライオンと牝牛の対立（六一ページ）といったかたちで生物学のうちに基礎を持ち、「動物園」で観察できるものであって、天分・天性の秩序のことである。そこでは、「生来の指導者」「猛獣」「天分豊かに生れついたもの」が、「ますます稠密になっていく」「羊の群れ」（一一三―四ページ）、たんなる「否定的な残りカス」にすぎない「大衆」（一五〇ページ）、羨望を抱き続けることを運命づけられた（一一五ページ）「人間のクズ」（一〇五ページ）に対置される。「自然への還帰」という「エコロジー」的なテーマと、「自然法」という階層秩序のテーマとのあいだのつながりは、ただ両者が併存しているということによって保証されるにすぎず、おそらく、自然という観念を使った一種の幻想遊びによって成立する。つまり、田園の自然に対するノスタルジーや都市文明に対する不快感がイデオロギー的に利用されるとき、自然への還帰と自然法への還帰との秘かな同一視が根本に存在するのである。しかも、自然法への還帰は、さまざまな道が可能なはずなのに、この場合は、農民世界を連想させるような家父長的ないし家父長主義的な型の喜ばしい人間関係を回復することと決めつけられたり、さらに強引に、自然（特に動物的自然）にあまねく刻みこまれた差異ないし欲動に依拠すること、と限定されている。

これら二つの中心テーマに、言うなら互いに社会学上類縁関係にあるいくつかのテーマがつきまとっている。「全面的に反自然的な」都市およびそこで発展する「全面的に人工的な」社会的分業の断罪（一二〇―一二一ページ）、〈生〉〈魂〉〈魂の生〉を思想・理性・知性が支配することの告発（九七―九九ページ）、あらゆる分析的分断に対抗して「生」の統一性を把握することのみに適した包括的・全体的アプローチの称揚（三九―四三ページ）、などである。

哲学的なかたちで主張される以上のような考察の政治的真理は、『プロシア人と社会主義』の中に、はっきり現われている。これは一九二〇年に公にされた純政治的パンフレットだったが、『西洋の没落』の著者が大学共同体の真っ只中で獲得していた深遠な思想家という評判を、傷つけはしなかった。シュペングラーはそこで、「プロシア的社会主義」についての理論を展開し、その社会主義を、物質主義的・コスモポリタン的・自由主義的な「イギリス的社会主義」に対置する。ドイツ人は、フリードリッヒⅡ世まで遡って、権威を重んじる社会主義の伝統と和解しなければならない。この社会主義は、その反自由主義的・反民主主義的な本質からして、個人に対する優越性を全体なるものに授ける。個人は全体に服従する運命にある、というのである。そしてシュペングラーは、アウグスト・ベーベルのドイツ社会党とその「労働者の群れ」の中にまで、この社会主義の名残りを見分ける。つまり規律や冷静な決断についての軍人的感覚や、優れた価値のためになら勇敢に死ねるという能力をみつけるのである。

ユンガーとハイデガー

こうした言説生産の論理をきちんとその生成に即してとらえようとするなら、エルンスト・ユンガーに問いかけるのがよいだろう。ハイデガーは何度も、彼に対して最大の知的敬意を表していた。たとえば日記とか小説といったジャンルは、「稀な」「体験」に備わる特異性を大切に育てることを認め励ますジャンルであるが、ユンガーはそうしたジャンルに与えられた自由を利用して、「出発点になる状況」を端的に描き出す。「出発点になる状況」とは、この評論家の手のこんだ作品構成の影に隠れた原理としての根源的な幻想が、根をはっている状況[19]、ということである。

「安売りされているといった感じの日曜日、F・G氏と一緒に（……）三〇〇番地へ出かける。大衆を見ると息苦しくなる。しかし、統計学の冷ややかな眼で大衆を見ることを忘れてはならない」（E・ユンガー『公園と道路——日記帳一九三九—一九四〇年』*Jardins et routes, pages de journal, 1939-1940*, trad. par M. Betz, Paris, Plon, 1951, 四六ページ、傍点ブルデュー）。「ハンブルクでの二日間。大都会には規則的に出掛けているのに、毎回、大都会の自動的な性格がますますひどくなっていくことに驚かされる」（同書、五〇ページ）。「映画館から出てくる観客たちは、目は開いているが、眠っているい人びとの群れみたいだし、機械音楽の鳴り響いているホールに足を踏み入れると、阿片窟に入ったような気になる」（同書、五一ページ）。「巨大都市のアンテナは、逆立った髪の先のようで、悪魔的な接触を求めている」（同書、四四ページ）。選ばれた魂を持った人びとが、大衆と自分たちの違いを体験できるような状況は、ここには描かれていない。「禁煙のコンパートメントの数はいつでも、喫煙できるそれより少ない。人びとに〔禁煙〕スペースを世話してやっている禁欲主義それ自体が低級ということである」（同書、九〇ページ）。

ソレルとシュペングラーに養われた大戦のこの英雄[20]はやがて、戦争、技術、「総動員」を賛美し、啓蒙 Aufklärung の原理の中にではなく、「ドイツ的」責任と「ドイツ的」秩序の中にドイツ本来の自由の考え方を探し求め、[21]ブルジョワの合理主義と安全願望を告発し、「闘い死ぬ」という生き方を讃えるようになる。こんなふうに、この「保守的アナキスト」独特の社会的世界観を直観しておくと、『反逆者論』[22]に表現された「社会哲学」が検討しやすくなる。この『反逆者論』という作品は、『労働者』のテーゼが、『労働者』より冷静・明快に定式化されたものであり、一群の対立のまわりに組み立てられている。これらの対立の中心には、うわべだけ英雄扱いされる「労働者」と、「反逆者」との対立がある。「労働者」は、「技術、集団、類型によってまったく機械的な状態へと」還元されてしまった「技術の原理」を代表する。[23]「労働者」は、技術、科学、快適さ、「習慣的衝動」[24]といったものの奴隷制に隷属しており、要するに凡人、「数」である。これを純粋に統計学的、機械的に足しあわせれば「大衆」、つまり「最底辺」の「集団的力」となる。料金不要の時代は、この力を予約席にまでばらまいている。[25]「技術」文明のあらゆる決定論のこの否定的な産物に対立して「反逆者」[26]が存在する。「反逆者」とは詩人、個性の人、指導者である。彼らの〔至高の〕「王国」は、「森と呼ばれる」「自由の場」である。「森を頼りにすること」「踏み固められた小道の外へ、ただ危なっかしく踏み出すばかりでなく、危険を冒して省察の最前線の向こう側まで行ってみること」[27]――ハイデガーの『杣径《そまみち》』〔茅野良男他訳、創文社〕を思いつかないわけにはいかない――が、「生誕の地」「源泉」「根源」「神話」「神秘」「聖」「秘やかな場所」[28]などへの還帰、単純なものの知への還帰、要するに「根本的な力」への還帰を約束する。この力は、「危険を好む」者、「隷従」の中への堕落よりも死を選ぶ者に備わっている。[29]したがって、一方には「社会保障の世界」[30]、平等、集団、平準化的社会主義の世界、[31]たびたび「動物学的」[32]と形容される宇宙があり、他方には「単純」・「穏健」の同胞愛を拒否する[33]「わずかなエリート」[34]専用の王国がある。このように、「頼りにする」とは「還帰する」こと、すなわち「回帰する」ことであるから、[35]社会的世界についてのこうした見方は時間性の哲学の中に要約されることが分かろう。この時間性の哲学は、技術的世界の最終的な「破局」へ向かう直線的に進歩していく進歩主義的な時間に対立させて、保守的革命・復古の象徴であり革命の否認としての「回帰する」円環的時間を提示するわけである。[36]

ぼんやりした統一

こうしたイデオロギーを担う著者たち相互の差異、特に、きわめて大衆化された著者たちのあいだのそれは、なかなか記憶に残らない。それほどこのイデオロギー的宇宙は単調なのだが、こうした単調な宇宙を前にすると、知識人特有の専門家的条件反射で、さあ、各著者に適った「一覧表」、そして似通った著者全体に適った「一覧表」を作ってみるか、などと考えるものだ。構造主義は、この条件反射の後押しをしたにすぎない。しかし実際は、そうした形式的な表作成は、結果として、このイデオロギー的混沌特有の論理を破壊してしまうことになろう。その論理は、生産物のレベルではなく生産図式のレベルに位置しているからである。一時代全体のさまざまな表現に客観的な統一性を与える場 topiques は、「準不確定性」とでも言うべき固有の性質を持っている。この準不確定性によって、それらの表現は、神話的システムの根本的な対立に結びつけられるのである。おそらく、文化 Kultur と文明 Zivilisation の対立のあらゆる用例を上げ、それらの用例の交錯を記述しても、ほとんど何にもならない[37]。文化と文明の区別は実践的に統御され、この統御が、一種の論理−政治的な方向感覚として働いて、各特殊ケースにおいて、ぼんやりしているが全体的な諸区別を生み出すことを可能にするのである。これらの諸区別は、別の者の区別の仕方と、完全に重なるわけではなく、だからと言って完全に異なるわけでもないのであって、その結果、時代の表現全てに、統一的雰囲気を与えることになろう。この雰囲気は、論理的な分析にはもちこたえるものではないが、同時代性についての社会学的な定義の構成要素のひとつになっているのである。

シュペングラーの著作における文化と文明の対立も、このようにとらえなければならない。文明とは「人類が作りうる最も人工的で最も外的な状態」である。同様に、動態学／静態学、生成／生成したもの（死の硬直 rigor mortis）、内面／外面、有機体／機械、自然的発展物／人工的構築物、目的／手段、魂・生・本能／理性・退廃といった対立が提示される。根本的な諸対立は、ご覧のとおりきわめて漠としたかたちで定義される類比をとおして、ちょうどトランプの城のように、互いに支えあうことによってのみ成り立っている。建物を崩すには、そのうちのひとつを抜き取るだけでいい。それぞれの思想家は、基本的な図式とその図式を支える実践的な対応物とから出発して、自分なりの系列を生み出す。(38) シュペングラーの場合は、粗野なかたちで原型的対立を用い、ハイデガーの場合は、もっと練り上げられ、ときに見違えるようなかたちで同じ原型的対立を用いるわけだ。ハイデガーは、シュペングラーのそれに代えて、ただし同じ機能を持たせ、「本質的な思考」と科学との対立を置くが、時と場合によっては、きちんとした論理なら矛盾と判断するような適用例を生み出すこともある。ところが、実践的対立を全て同じものとみなしてしまう論理においては、それらの適用例が正当なものとされてしまう。この論理が、右述の不完全な体系化を支えているわけである。

時代精神 Zeitgeist の統一性の原理になるのは、共通のイデオロギー的母型、共通図式のシステムである。この図式は、無限の多様性の仮象の彼方に、常套句つまり共通の場として、おおざっぱに対応づけられた根本的対立の全体を生み出す。この対立の全体が思考を構造化し、世界観を組み立てるわけだ。最も重要なものだけ上げておこう。文化／文明、ドイツ／フランス、あるいは別の関連からすれば、ドイツ／イギリス（コスモポリタニズムの典型）、テンニースの言う「共同体 Gemeinschaft」／アトム化された「民衆 peuple」（Volk）・「大衆」、階層化／平準化、総統 Führer・

国家／自由主義・議会主義・平和主義、田園・森／都会・工場、農民・英雄／労働者・商人、生命・有機体 Organismus／非人間的技術・機械、全体／部分・断片、統合／細分化[39]、存在論／無神論的科学・合理主義、等々。

これらの対立は、そして、それが生じさせうる問題は、保守的なイデオローグだけのものではない。それらは、イデオロギー生産の領域の構造そのものに刻みこまれている。この領域では、対立する立場の敵対関係が構造をかたちづくっており、その敵対関係の中で、またその敵対関係によって、時代のあらゆる思想家たちに共通する問題設定が生まれる。ヘルマン・レボヴィクスが指摘するように、当時の保守的イデオローグは、シュペングラーに代表される右と、ニーキッシュおよびユンガーという正反対ではあるが接近した二人によって代表される左、すなわち極右とから成っていたが、こうした保守イデオローグがかたちづくる小領域は、それ自体、この生産領域全体の中へその一部として組み込まれている。そして、たえず自由主義と社会主義が参照されていることからも分かるように、この小領域の生産にも、少なくとも否定的に、その領域全体への帰属の結果がはっきり現われている。技術、科学、「技術」文明等に関する保守主義者の悲観主義は、進歩主義者の楽観主義の裏側、構造的に強いられた反論なのである。メイヤー・シャピーロは、その楽観主義を、「改革主義的錯覚」とみなした。「この錯覚は、特に戦後の短い繁栄期に、きわめて広範に流布したものであった（……）が、それによると、テクノロジーの進歩——生活水準を向上させ、家賃その他の生活費を低下させることによる進歩——は、階級衝突を解決し、あるいは少なくとも、社会主義へと平和裡に導くような効果的な計画技術の発展を促進させるはずだ、というのである」[40]。もっと一般的に言えば、保守的革命家の「哲学」は、「私たちの自由主義的で世俗的で産業的な文明を特徴づけている近代性という観念＝制度複合体に対するイデオロギー的攻撃」[41]として、本質的に否定的に定義される。この哲学は、その敵対者が備えている特性から、単純にそのプラス記号をマイナス記号に逆転させるだけで導き出せる。フランス好き、ユダヤ人、進歩主義者、民主主義者、合理主義者、社会主義者、世界市民主義者、左翼知識人（その象徴はハイネ）は、言うなら、ナショナリストのイデオロギーの中に、自分たちの否定を求めているわけだ。ナショナリストのイデオロギーは、「神秘的なドイツ人 Deutschtum を復興し、ドイツ本来の性格を守れる制度を創り出すこと」をめざしているのである[42]。

倫理－政治的な方向感覚

同じ可能性空間に自らを照らしあわさざるをえず、おおむね同じ対立に従って構造化されている人びとのあいだで行なわれる論争は、後の時代から微妙なニュアンスを無視して振り返ると、全面的な混淆に至り着くことになったのではないかと思えるかもしれない。しかし、実際にはそんなことはなかった。そこでは生産する作業と受け取る作業がつねに、倫理－政治的な方向感覚によって導かれていたからである。この方向感覚が、とりわけ政治危機に大学危機が重なった時代において、あらゆる言葉に、そして、あらゆるテーマ——たとえば科学における数量化 quantification の問題とか、科学的認識における体験 Erlebnis の役割の問題のような、みかけは政治からどれほど遠ざかっているように見えるテーマでも――に、イデオロギー領域の中でのはっきりした立場、つまり左翼なのか右翼なのか、近代主義なのか反近代主義なのか、社会主義・自由主義・保守主義のいずれなのか、といったおおざっぱな立場を割り当てたのである。

ゾンバルトは、数量化の問題に関し自らの立場を表明したあらゆる保守主義者（たとえばシュパンとその著『全体性 Ganzheit』）と同様に、総合・全体性の側に立ち、それ故、「西欧的」（つまりフランス・イギリスの）社会学とその「中立主義」をかたちづくっているものの全体、つまり、機械的法則の探究、「数量化」、そして「数学化」に敵意を示す。ゾンバルトは、この認識の冷淡さと無能さを嘆く。この認識は、とりわけ精神 Geist の領分に広がるとき、現実の本質 Wesen に到達しえない、と言うのである。そして彼は、この認識を、「人文主義的」社会学つまりドイツ社会学に対立するものとみなす。この認識は、彼によれば、自然科学の発展とヨーロッパ文化の「崩壊 Zersetzung」とに密接に関連する。ヨーロッパ文化の「崩壊」とは、世俗化、都市化、技術的認識観の発展、個人主義、伝統的「共同体」の消滅などのことである。このように、社会的知覚の実践的総合というものは、一見したところ絆を欠いた諸項の寄せ集めと見えるもののあいだに、きわめて有機的な結びつきを把握するのである。ここで把握された結びつきは、各要素に意味論的な布置全体が現前することを予感させるのであって、この結びつきが把握されているから、一見すると的はずれと見える疑惑が抱かれたり告発が行なわれるのである。たとえばウェーバーが警戒する「街角のいたるところで、また、あらゆる定期刊行物で、見せびらかすように堂々と崇拝される偶像」、「人格」、「体験 Erlebnis」などがそうである。[43]

同様に、ユンガーの著作[44]のキーワード、形態 Gestalt、類型 Typus、有機的構成 organische Konstruktion、全体的 total、全体性 Totalität、全体 Ganzheit、序列 Rangordnung、原初的 elementar、内的 innen といった言葉をひとめ見るだけで、この領域内の方向感覚を備えている者は、ユンガーを位置づけることができる。全体（Gestalt, total, Totalität, Ganzheit）とは、直観による（anschaulich）以外に把握しえず、（「加算されるもの additif」とは対照的に）その諸部分の総和に還元されず、究極的には、部分に分割不可能なものであって、構成要素としての「諸メンバー」が決定的な仕方でひとつの統一体の中へ統合されているものである。こうした「全体」は、見るからに疑わしい実証主義的諸概念、たとえば総和 somme、総計 agrégat、メカニズム、分析などに対立し、さらには総合にさえも対立する。これらの諸概念をラインホルト・ゼーベルクは、「再構成すべきバラバラな諸事実という観念を示唆するもの」と告発している。要するに、「全体」「全体的」「全体性」といった言葉は、それらに対立する言葉によって以外定義される必要がないような言葉である。「全体的」（あるいは「総体的 global」）という言葉は、標識の機能を果すと同時に、修飾される言葉を正しい側に引き入れる一種の感嘆詞の機能を果す。たとえば、ドイツの教員たちが学生たちの「総体的」な性格を養いたいと言うとき、また、「純粋に」分析的な技術より「総体的」な直観を好むと宣言するとき、あるいは「総体的」（ないし「全体的」）な国民について語るときが、それである。[45]個人的な語彙（この場合はユンガーの語彙）の中で、これらの用語は、イデオロギー的にそれらに見合った別の語（有機的 organische、序列 Rangordnung、原初的 elementar、内的 innen、その他多数）に結びつく。それ故、各思想は、倫理‐政治的な方向感覚に基づく純社会学的一貫性によって結び合わされた、単語とテーマのまとまりとして現われるのである。さまざまな立場・立場表明相互のあいだの実践的絆についての感覚は、ひとつの領域に馴染むうちに身につくものだから、対立する立場を占めている者どうしといえども、共通に備えているものであるが、専門用語の一見中立的に見える言葉の背後の倫理的ないし政治的な含意を一挙に（そして、専門的イデオロギーの表明が強く求められ自律の外観が弱まるような危機の時期には、はっきり目に見える仕方で）「感じ取る」ことを可能にするものでもある。たとえば **Schauen**（直観すること）、**Wesensschau**（本質直観）、**Erleben**（体験すること）、**Erlebnis**（体験）（青年運動は、一種の神秘的共存在 **Mitsein** としての、連邦＝結束体験 **Bunderlebnis** について、さかんに語っていた）といった、つまらない見かけだけの言葉に付着した保守的な色合いを見分けたり、機械論・実証主義と技術・平等主義との、さらには功利主義と民主主義との、隠れた絆を察知したりすることが、この感覚で可能になるのである。(46)

使用可能な図式の全体をかき集めるようなイデオローグはいない。そして、それらの諸図式は、それらが挿入されるさまざまな「体系」の中で、同じ機能を果すわけでも、同じ重さを持つわけでもない。その結果、各々のイデオローグは、自分がかき集める共通図式の特殊な組合せから出発して、他の全イデオローグの言説を変形したにすぎないものではあれ、とにかく他のイデオローグの言説には全く還元不可能な言説を生み出すことができるのである。イデオロギーは、その力の一部を、「イデオロギーは生成ハビトゥスの組織化の中でのみ、そしてその組織化によってのみ実現される」という事実に負うている。つまり、それぞれがユニークで客観的に認められているさまざまな性向が織りなすこうしたシステムは、他のヴァリアントのたんなるヴァリアントでしかない自らの生産物の万華鏡的多様性の中で、そしてこの多様性によって、統一性を確保しているのである。このシステムの生産物は、統一性をもった円をなしているが、その円の中心は至るところにあるとも、どこにもないとも言える。

保守的革命

「保守的革命家たち」[47]は、貴族階級によって国家行政の重要ポストから追い払われたブルジョワか、高学歴を持っているせいで強くなる上昇願望の中で欲求不満を感じているプチブルである。彼らは、「精神的ルネサンス」とか「魂の革命」としての「ドイツ革命」とかの中に、自分たちの矛盾した期待の解決策を発見する。国民の構造を革新することなしに国民を「再活性化するような」「精神的革命」のおかげで、この現実的ないし潜在的な落伍者は、社会秩序の中で或る特権的地位を維持したいという自分の欲望と、自分にその地位を拒んでいる秩序に対する反逆とを調停できるようになり、同時に、自分たちを排除しているブルジョワジーに対する敵意と、プロレタリアに対して自分たちが際立つための価値すべてを脅かす社会主義革命への反発とを、調停できるようになるのである。自給自足の農本的（ないし封建的）社会の有機的全体における落ち着いた再統合へと後退していきたいという願望は、現時点において、不安な未来を予告するもの全てに対する、つまりマルクス主義と同様資本主義に対する、社会主義者の神無しの合理主義と同様ブルジョワの資本主義的物質主義に対する、憎悪に満ちた恐怖の裏面でしかない。しかし「保守的革命家たち」は、ときにはマルクス主義や進歩主義から借用した言語で自分たちの後向きの考え方を覆ったり、ヒューマニストたちの言語を用いて排外主義や反動を説くことによって、自分たちの運動に知的体裁をほどこしている。こうしたことは、彼らの言説の構造的両義性と、その言説が大学界においてまで発揮する誘惑の力を、強化することができるにすぎない。

民族的 völkisch イデオロギーないし「保守的革命」のイデオロギー全体を特徴づける両義性とは、たとえばラガルドのような思想家が自由主義的な大学人を誘惑しうるような事態をもたらすものである。人間と国民についてのラガルドの美的 - 英雄的な見方、非合理・超自然・神的なものに対するラガルドの擬宗教的な信仰、「天才」を称えるラガルドの姿勢、〈政治的・経済的人間〉〈普通の生活を営む普通人〉〈その普通人の欲望に順応する政治文化〉に対するラガルドの軽蔑、近代に対するラガルドの反発（cf. F. Stern, *op. cit.*, 特に pp. 82-94）などの中に、自由主義的な大学人たとえばエルンスト・トレルチは、偉大なドイツ観念論を見て取る。フランツ・ベームはラガルドのうちに、デカルト的合理主義および楽観主義に対するドイツ精神の主たる擁護者を見る（cf. F. Böhm, *Anti-Cartesianismus, Deutsche Philosophie im Widerstand*, Leibzig, 1938, pp. 274sq., F. Stern, *op. cit.*, p. 93n に引用あり）。要するに、モッセが指摘しているように、労働者たちは保守的革命のメッセージを無視し、教養あるブルジョワジーはそれにどっぷり浸かっていたわけである。(48) そして、評論家につきものの軽蔑的態度にはふつう抵抗の姿勢がともなっているものだが、大学人たちをとりまく危機的状況は、おそらくそうした抵抗を弱める一因となった。

こうして、専門的歴史家たちはシュペングラーの方法に対して慎重な態度を示していたが、少なくとも彼らのうちの最も保守的な連中は、シュペングラーの結論の激しい調子を歓迎するのを忘れなかった。「学問を安売りする者」に対する大学人の構造的敵意を知れば、当時の古代史家で最も有名であったエドゥアルト・メイヤーが次のように書きうるためには、イデオロギー的な黙認事項が何であらねばならなかったか分かるだろう。「シュペングラーは、現在支配的な諸観点に対する批判に当てられた（『西洋の没落』の）諸章、つまり国家と政治、民主主義と議会、政府とその卑劣な陰謀、全能のジャーナリズム、大都市・経済生活・金銭・機械の本性などを扱った諸章で、内的崩壊 Zersetzung のあの諸要素を見事に描いた[49]」。周知のようにシュペングラーは、最も優れた大学人たちのもとで、今なお生きている思想家という名声をかちえた（たとえば、『社会科学研究学報』誌掲載の拙稿『マルティン・ハイデガーの政治的存在論』〔本書旧版〕のドイツ語版の書評でハンス゠ゲオルク・ガダマーが、「孤高の人シュペングラーの非凡な想像力と総合のエネルギー」に対して表明した敬意が証言するように[50]）。ハイデガーに関して言えば、彼は数多くのシュペングラー的テーマを取り上げなおすが、それを婉曲語法で語る（『形而上学入門』〔川原榮峰訳、理想社〕の中で他の断章とともに注釈がほどこされるヘラクレイトス断章九七のイヌとロバは、シュペングラーのライオンと牝牛にあたる）のであり、周知のように彼は、繰り返し、自分がユンガーの思想に認めている重要性について語った。親しくつきあい長年手紙を交わしあったユンガーに献じた試論の中で、ハイデガーはこう書いている。「一九三九―一九四〇年の冬学期、私は、大学教員の小サークルの前で『労働者』の解明を行ないました。これほど洞察力に富んだ一冊の本が、すでに数年前に出版されていたのに、いまだにその教訓が理解されていないことに、つまり、現在に向かっている視線が『労働者』の観点の中を自由に動き回れるようにしてやり、全地球〔＝惑星〕的規模でものを考えられるようにしてやろうとあえて試みる者がいないことに、驚かされました」[51]（「有の問へ」«Contribution à la question de l'être», in *Question I*, Paris, Gallimard, 1968, p. 205〔辻村公一他訳『道標』所収、創文社、四八九ページ〕）。

第三の道

思想の構造的両義性は、二重の拒否の産物であり、それ故「保守的革命」という論理的には自滅的な観念に帰着するわけだが、そもそも思想の根本に存在している生成構造の中に、つまり乗り越え不可能な対立の全体を英雄的ないし神秘的な前方への一種の逃避によって乗り越えようという絶望的な努力の中に、すでに深く刻みこまれている。「革命的保守主義」の予言者のひとり、メーラー・ファン・デン・ブルックが、ゲルマン的過去の理想とドイツ的将来の理想との神秘的結合、ブルジョワ的な経済および社会の排除、そして同業組合主義への回帰を説いている書物には、はじめ「第三の道」、その後「第三帝国」という表題が付けられた。社会構造内のこれら著作家たちの客観的立場をイデオロギー的秩序内で表現する「第三の道」という戦略は、異なる諸領域に適用されることによって、相同的な言説を生み出す。シュペングラーは、この生成構造を全面的に明らかにしている。彼は、技術の本性について自問しながら、二つの階層の回答を対置させる。ひとつは、「ゲーテ時代の古典主義の時代遅れのエピゴーネンである理想主義者及びイデオローグ」の回答であり、彼らは技術を文化より「劣る」ものとみなし、芸術と文学を最高の価値とみなす。もうひとつは、「あの本質的にイギリス産の物質主義的ジャーナリズムの哲学が、そして大衆と主義は、一九世紀前半の無教養な人びとが、自由主義的ジャーナリズムの哲学が、そして大衆と（託宣を下す思想家とみなされていた）マルクス主義的・社会倫理的作家が団結して熱狂的に追い求めたものであった」[52]。技術に関するシュペングラー的問題設定を成立させている領域、特殊な諸対立から成る領域は、彼の政治的選択を方向づける領域、つまり彼がきわめてヘーゲル的な一連のパラドクスを通して「乗り越える」自由主義と社会主義の対立から成る領域と、全く相同的である。彼は或る箇所で「マルクス主義とは労働者の資本主義のことである」と言う。あるいはまた、ニーキッシュその他の人びとと同じような戦略に従って、権威主義・服従・国民的連帯といったプロシア的価値を、社会主義が要求する諸価値と同一のものとみなす。さらに彼は、ユンガーと同様、企業家から労務者まで全ての者は労働者であると主張する。

ゾンバルトの思想が組織される核になるのもまた、資本主義と社会主義という対立するカップルを乗り越えるべきものとして設定する第三の道の戦略である。マルクス主義的社会主義は、産業発展と産業社会の価値とに対立する点で、過度に革命的であると同時に過度に保守的である。マルクス主義的社会主義は、近代文明の形態を拒否しつつも近代文明の本質を拒否しないかぎりにおいて、腐敗した一種の社会主義である、とゾンバルトは主張する[53]。この主張が、この種の急進主義（つまり徹底主義）、道を踏み誤った急進主義の核心である。産業と技術に対するきわめて粗雑な憎悪、きわめて徹底したエリート主義、そしてむきだしの大衆蔑視を結びあわせながら、この急進主義は、階級闘争の理論に代えて、「真の宗教」を置こうとする。階級闘争の理論は人間を豚 Schweinehund のレベルに引きずり下ろし、大衆の魂をおびやかし、調和的社会生活の発展の障害となる。(54)「国民ボルシェヴィズム」の主要な代表者ニーキッシュも、シュペングラーとは多少対立する戦略から出発したものの、シュペングラーと同じような立場に辿り着く。ニーキッシュも、中産階級を革命へ引きずりこむために、国民主義、軍国主義、英雄崇拝に訴える。階級を一国民と同一視することによって、ニーキッシュは、ドイツの労働者を、服従・規律・犠牲精神等々といった、あらゆる偉大なプロシア的価値を示すような「国家の兵士」に仕立て上げようとするのである。

エルンスト・ユンガーの『労働者』は、これと論理的にきわめて近いところに位置する。ユンガーは、ニーキッシュと結びついていた（ユンガーは、ニーキッシュの新聞『抵抗 Widerstand』で執筆している）にせよ、保守的革命家たちの知的スポークスマンであって、人種主義的主張を公言している。(55)ゾンバルトが与えた原型的定式を用いて言えば、民主主義か社会主義かという二者択一を乗り越えることがめざされる。一方には、「全体との関係を持たず」安全を最高価値とみなすブルジョワの支配体制としての自由主義的民主主義、個人主義や国内外の無政府状態と理解される自由主義的民主主義がある。他方には、ブルジョワ・モデルの労働運動への移動から生み出されたもの、つまり「個人が自分のことを考えるとき身を置く」社会的形式としての「大衆」

から生み出されたものであるかぎりの社会主義、新たな秩序を実現することのできない社会主義がある。この敵対関係は、「労働の地平」に基礎を置いた秩序の創設によってのみ、超越されうる。この秩序のおかげで、「労働者の類型」(der Arbeiter)が、その優れた技能によって技術を支配することになるからである。

ブルジョワとプロレタリアの乗り越えとしての「労働者の類型」は、ラウシュニングが後に語るように、「個人的価値と大衆的価値が克服される場となるような」存在であるが、階級的人種主義がさまざまな色合いで描きだそうとする現実の労働者には、いっさい無関係である。この「労働者の類型」による支配は、「有機的な構築物」に及ぶが、その構築物は「機械的な」「大衆」とは何の共通性も持っていない。この曖昧模糊とした神話を分析的に説明することは、ほぼ不可能である。この神話は、「保守的革命」の図式に沿って方向づけられ、対立物の調和 conciliatio oppositorum を実現し、そのことによって、いっさい――プロシア的規律と個人的長所、権威主義と民主主義、動物機械論と騎士道的英雄主義、分業と有機的全体――を同時に手にすることを可能にする。一種の近代的英雄である「労働者」は、「自由の要請が労働することの要請として生じる」場、つまり「自由が何か実存的なものを持つようになる」場である「労働の空間」に直面し、「未開人 primitif」(土地っ子 originaire という意味)と直接的な接触を持ち、そのかぎりで「統一的な生活」に到達でき、文化によって腐敗することはなく、戦場と同様、個人・大衆・社会的「序列」が問題にされるような生活条件の中に位置し、中立的な手段である技術を広くゆき渡らせる者である。「労働者」は、このような者である以上、軍隊タイプの新たな秩序を人びとに押しつけざるをえなくなる。この秩序は、マリネッティとイタリア未来派たちが夢見ていた英雄的テクノクラシーの貧しいプロシア版にすぎない。「基本的な事柄の指導は、プロシア的な義務概念のうちで行なわれる。この義務概念は、軍隊の行進のリズム、王位継承者に対する反逆者の死刑、閉鎖的貴族階級の指導の下きちんと訓練された兵隊のおかげで勝利できた見事な戦闘などのうちに、見いだすことができる。プロシア精神の唯一可能な相続者は、『労働者』である。『労働者』は、『基本的な事柄』を捨て去ることなく我がものとし、無政府状態という学校を通過し、あらゆる絆の破壊を経験しているのだから、新しい時代に新しい空間で、新たな貴族制をとおして自らの自由意志を実行しなければならなくなる」[56]。こうした解決策の核心は、結局のところ、悪を悪によって治癒すること、つまり技術の中に、そして全体主義国家において心の安らぎを得たこの「労働者」という技術の純粋な生産物の中に、技術を支配する原理を探すことにある[57]。「一方で、全体的技術空間が全体的支配を可能にするはずであり、他方で、こうした支配のみが全面的に技術を我がものにするはずである」[58]。二律背反の解決策は、神秘思想において緊張が究極まで推し進められ賛成から反対への完全な逆転によって解決されるように、極限への移行によってもたらされる。保守的革命家内の過激派においても、反対物の結合についての同様の魔術的論理が、総統の思想という極限へ人びとを導いていく。それは、英雄崇拝と大衆運動の結合のことであって、この両者は総統によって乗り越えられるとみなされるわけである。シュテファン・ゲオルゲ（ハイデガーのもう一人の精神的師）のあの詩『アルガバル』のことを考えればいい。アルガバルとは、黙示録における再生、黙示録による再生を象徴する者である。彼は、残虐だが優しいニヒリストの首長で、人工的な宮殿で生活している。倦怠から彼はきわめて残虐な行為に出るが、そうした彼の行為は、天変地異を引き起こす効果があり、そのことによって再生をもたらすとされるのである。[59]ユンガーの空想的な民衆主義はマルクス主義に対する幻想的な否認であるが、この民衆主義も似たような論理に従って、「民衆」(Volk)崇拝を、「大衆」に対する貴族の側の憎悪と和解させる。「大衆」は有機的統一の中へ動員され変貌するのである。この民衆主義は、匿名の単調さに対する恐怖を乗り越え、たとえば工員が軍隊へ組み入れられ空虚な画一性が実現されたとき、その工員の表情に読み取れるようなその空虚な画一性[60]に対する恐怖を乗り越える。(青年運動 Jugendbewegung がめざすかぎりでの)「疎外」からの「労働者」の解放とは、「労働者」を総統の中へ疎外することによる、自由からの「労働者」の解放なのである。[61]

ハイデガー存在論の政治的基礎

ハイデガーがユンガーに「拙稿「技術への問い」〔小島威彦他訳『技術論』所収、理想社〕はご高著『労働者』に支えられております。拙稿はご高著の全体から支援を受けました」[62]〔「有の問へ」、前掲邦訳、四九〇ページ〕と書き送るとき言いたかったことが、私たちにはよく理解できる。イデオロギー的同意はここでは全面的である。以下は、ハイデガーが学長を務めていた時期の一九三三年一〇月三〇日に彼が行なった演説の一部であるが、この言葉もそのことを証言している。「国民社会主義が理解する意味での『知』は、そして『知の職業』は、諸階級に分かれることはなく、むしろ逆に大文字の国家の唯一で偉大な意志の中に、祖国のさまざまな構成員や職業をひとつにまとめ結びあわせます。こうして『知』や『学』、『労働者』とか『労働』という言葉は、別の意味と新たな音を受け取るのです。『労働者』とは、マルクス主義が主張するような、搾取の唯一の対象ではありません。労働者という身分（der Arbeiterstand）は、階級間の全面的闘争を引き受けるような、相続権を奪われた人びとの階級（die Klasse der Enterbten）などではないのです」[63]。文字どおりの出会いを越え、『労働者』の中で展開された「政治哲学」の核心には、まさにハイデガーの存在論の中心そのもの、彼の存在論・時間論・自由論・無論が、『労働者』の形而上学的－政治的パトスを身にまとったかたちで、つまりハイデガー存在論の厳密な意味で政治的な基礎が透けて見えるようなかたちで、表現されている、いや少なくとも暗示されているのである。ハイデガーは、〈「究極の危機」においてこそ、救いをもたらすものが私たちの地平に立ち上る可能性を技術の存在が隠してしまう、という事実が明らかになる〉とか、あるいはさらに、同じ論理に従い、〈技術の本質の中への形而上学の本質の実現こそが、つまり権力意志の形而上学の究極的完成こそが、形而上学の乗り越えに通じる〉と主張するが、このときも、ハイデガーはユンガーの歩みの運動そのものをもう一度たどり直すようなかたちで論を展開している[64]〔「技術への問い」〕。ヨーロッパの退廃に対する反抗として生きられるユンガーのニヒリズムは、瞑想の代わりに行動を置き、選ばれた目標に照らして選択の決断を特権化し、つまるところ、ハイデガーの言葉を使うと、権力意志に照らして、「意志することを意志すること」を特権化する。ユンガーの軍人的美学は、根本的には、推論的理性の脆弱さ・優柔不断・自滅的不決断に対する憎悪、そして言葉と可感的・感覚的現実との距離に対する憎悪に基づいている。その美学が、ユンガーの反合理主義的ニヒリズムを表現し、ドイツ哲学の教員ハイデガーと比べ、より生々しく、より粗雑に、それ故よりはっきりと、国民社会主義の出現に通じる社会的諸力を表現するとすれば、その美学は、危機・危険についてのそうした断固とした考え方の点で、『存在と時間』の著者と結びつくのである。危険が迫ったときはじめて、私たちは〈この地点で破壊の中に身を置き——そこで自由が感じられるようになる——、いまここの根本的暴力を体験しながら、自らの責任を確証しなければならない〉と思い知るわけである。「ここでは無秩序が、破壊不可能なものの試金石となるのであり、破壊不可能なものは、破滅に抵抗しながら喜びをもって体験されるのである」〔『労働者』。本段落の以下の引用も同〕。火遊びをするみたいに、無と戯れることによって、私たちは自分に自分の自由を証明し、自分の自由を体験する。歴史の発展とは、一種の力動的な空虚、動く無、無へ向かう無の運動、といったものでしかない。歴史の発展は、「諸価値の彼方に」位置づけられ、「質を持たない」。重要なことは、「〈最小の懐疑の可能性を隠しているいかなるものよりも、無（das Nichts）のほうが望ましい〉などと思える地点の彼方へと移行すること」、そしてそのような仕方で、「まだ歴史的任務の主体として出現しておらず、それ故、新たな使命のために使える、より原初的な精神共同体、『原本的な人種』」へと戻ることである。(65) ドイツ人種とその帝国主義的野心を賛美するナショナリズムは、「決断」「統制」「命令 - 服従」「意志」「血」「死」「破滅」といった政治的ないし半政治的な言語を、総動員の諸相として語ることもあるが、ハイデガーの場合のように、権力意志の形而上学的ないし準形而上学的言語を、意志する意志として、あるいは目的のためではなく自己乗り越えのための意志の肯定として語り、さらには死への決然たる対峙の言葉を、自由の本来的経験として語ることもあるのである。

政治と哲学の境界線

ユンガーの場合、政治的ニヒリズムの幻想やスローガンは、ニーチェの言葉を身にまとって現われるが、ハイデガーの場合は、政治的ニヒリズムは、そしてニーチェの伝統そのものも、ユンガーやシュペングラーといった「保守的革命」の通俗版については口をつぐんで、ソクラテス以前の哲学者たち、アリストテレス、キリスト教神学者などを読む者が行なう存在論的省察の要請に従うものになっていなければならない。その結果、それは本格的な思想家の孤独な探究のようになって、悟りきった戦士の冒険主義とは何の共通点も持たないかに見える。ハイデガーとユンガーの違いは、前者が専門家であるのに対し後者は非専門家である、という点にある。専門家は、語るとはどういうことか心得ている。自分の言説が投げ出されることになる空間、つまり互いに共存可能な諸々の立場表明の領域――この共存可能な諸々の立場表明との関係で自分自身の立場を否定的・示差的に定義する――を、少なくとも実践的に知っている、ということである。さまざまな可能性から成るこの空間についての認識によって、「反論を予見すること」が可能になる。つまり実際に分類が与えられ意義・価値が一定の立場表明に結びつけられる以前に、そうした意義・価値を前もってとらえ、ある読解が実際に拒否される以前にその読解を否認しておくことが可能になるのである。「哲学的センス」とは、哲学空間内を動き回るときに、その空間内で標識の役割を果たす慣用的な記号を実践的ないし意識的に統御できる力のことである。専門家はこうした統御によって、すでにレッテルが貼られた立場から一線を画すことができる、つまり彼自身の責任にされそうなことから距離を取り身を守ることができる(「ハイデガーは、いかなる悲観主義からも距離を取り身を守っている」)。要するに、あらゆる記号の凝った形式の中で、この形式をとおして自分の差異を確立できる。その形式によって自分の差異を読者に見分けさせるのである。社会的に「哲学的」と認められている思想は、哲学的な立場表明の領域を自らの参照基準とし、その領域で自分が占めている立場の真理を多かれ少なかれ意識的に統御する思想である。

この点で専門哲学者は、「素朴な哲学者」に対立する。「素朴」というのは、絵画の世界で「素朴派の」画家と言われる場合のように、自分が語っていることも行なっていることも厳密には分かっていない、という意味である。哲学界という領域が到達点となるような特殊な歴史が存在している。この歴史は、社会制度のようになった哲学的立場とか特殊哲学的な問題設定とかの中に刻みこまれ、さまざまな哲学的立場を占める者が自らの立場を表明できる空間となっている。素人はこの歴史を知らないから、たとえば『労働者』という原材料としての生まの思想を、問題をきちんと構築できる真の専門家――たとえばハイデガー――の意識的な省察に委ねることになる。素人は、自分では問題を構築するすべを知らないから、専門家に構築してもらった問題に応答するわけである。また素人は、ゲームの根本法則を全く知らないので、彼自身が専門家たちの思想の対象ないし玩具になることすらある。G・E・ムーアが、本気で懐疑的になって、まるでカント（そして「超越論的」と「経験的」という区別）が存在しなかったかのような態度でこの問題を論じ、純哲学的信念の核心をなす作業――通常の信念をカッコ入れする作業――をカッコ入れしている点で、「時代錯誤だ」と告発されるとき、彼は最も恐るべき審判に身をさらしていることになる。哲学者たちは、原本へ還帰するという学問的素朴さを讃える傾向をもっているにもかかわらず、こう宣言するのである。「セクストゥスがたんに無垢であったのに対し、ムーアは素朴である」[66]（ついでに言えば、これは、「常識」に由来するあらゆる問いかけに対抗して、また、哲学界に属しているせいで生じる偏見、この社会的空間に適う姿勢・心的空間として純哲学的錯覚 illusio から生じる偏見を科学的に客観化しようという試みに対抗して、哲学者たちが進んで用いる戦略である）。

　自らの職分に秀でたハイデガーほどの哲学者ならば、自分でユンガーを（特に集団的・公的な）思索の対象に選んだとき、自分がやっていることを十分心得ていた、と考えていいだろう。ユンガーが立てる（政治的）問いに対してだけ、ハイデガーは答えを与えることを受け入れ、その問いのみを自分のものと認め、ユンガーの問いを哲学の言葉に翻訳しなおして、哲学的思想のかたちで見分けられるようにした。ひとつの心的（および社会的）空間から別のそれへと彼が行なう移転は、他の領域で「認識論的切断」とか「断絶」とか呼ばれたものに比べられるような、或る根本的な断絶を前提している。政治と哲学の境界線は、正真正銘の存在論的分岐点である。実践的・日常的な経験に属する諸観念と、それら諸観念を指し示す言葉（ふつうは観念＝言葉）

は、いったんこの境界線を越え、哲学の宇宙へ導入されると、根本的な変容をこうむる。この変容のせいで、哲学という別の宇宙の中へ魔術的な跳躍を行なうことを受け入れた者の眼には、そうした観念・言葉が見分けられなくなる。その点で、ジャン＝ミシェル・パルミエは、次のように書くとき、注釈者たちに共通する意見をおそらく表現している。「ハイデガーが本書（『労働者』）にこれほど大きな重要性を認めたことに、驚かないでいるのは難しい」[67]。（速度を導関数に、面積を積分に変換する際の数学的錬金術や、口論・紛争を訴訟に変質させる際の法的錬金術と同様に）哲学的錬金術は、パスカル的意味で、別の秩序への移行 metabasis eis allo genos であり、この移行は、メタノイア μετάνοια（心的空間の変化を前提する社会的空間の変化）と不可分である。

問いを立てること、特に日常世界の臆見に満ちた経験が定義上排除している問いを立てることを、自らの職分と心得ている哲学者は、だから「素朴な」問いには、決して直接答えない。「素朴な」問いとは、哲学者の眼からすると不適切ないし無作法な問いであり、たとえば常識が（外的世界の存在とか他人の存在についての）自分の問いに関して自分に向けて立てる問いとか、とりわけ社会学者が自分自身の心的かつ社会的な空間から出発し、いわゆる「政治的な」問いとして、つまり一般に認められた意味でそれ故「素朴に」政治的な問いとして、ハイデガーに提示したがるような問いのことである。哲学者は、哲学的な問いにしか答えることができない。哲学的な問いとは、唯一的確な言語とされる哲学的言語で他の哲学者に向かって立てられたり、哲学者が自分に向けて立てたりする問いであり、そうした問いに対して哲学者は、自分の哲学的な「個人言語 idiolecte」でその問いを定式化しなおした後でのみ、(事実上かつ権利上)はじめて答えることができるようになる。こうしたハイデガーの表現システムを、批判的雰囲気を漂わせたモラリスト的警句と読み取るのは、まちがいだろう。この距離を取った立場は、学問的世界で成功したいと思う者はもちろんのこと、学問的世界に受け入れてもらいたいと思っている者、学問的世界で正統な参加者と認められたいと思っている者にとって、唯一可能な立場である。つまり、学問的正統性をめざす者は誰でも、このような立場に立たなければならない。そしてこの立場は、それに見合ったハビトゥスを身につけている者には、自明なものとして現われる。ハビトゥスを身につけ、前もってその領域の構造的必然性にぴったり適合していると、ふつうは無意識のまま、その領域の根本的法則のうちに客観的に含まれた諸前提を受け入れることができるのである。

能動的ニヒリズムから受動的ニヒリズムへ

要するに、政治について生まの言葉を率直に語るよう哲学者に期待してはならず、ユンガーのテキストについての注釈は行間に読みとらなければならない。「『労働者』は『能動的ニヒリズム』(ニーチェ)の局面に属しています。この著作は、労働者の姿から出発して、あらゆる実在が備える労働の全体的性格を目に見えるようにしたという点で、行動していたし、その機能の仕方は変容しましたが、あいかわらず行動しています」(「有の問へ」、前掲邦訳、四八八ページ)。その二ページ先には、こうある。「しかしながら、記述を導く視点・視野はもはや、あるいはまだ、以前のようには規定されません。すでに『労働者』において、能動的ニヒリズムは、ニーチェの意味づけに適ったかたちで、乗り越えへ向かって思考されていますが、能動的ニヒリズムのこの行動に、現在ではもはやあなたは加わっていないからです。しかしながら、『もはや加わっていない』とは、すでにニヒリズムの『外に身を置いている』という意味では全然ありません。ニヒリズムの本質は少しもニヒリズム的ではなく、その本質の歴史は、ニヒリズムの諸形式の『歴史的に』規定可能な諸局面より、いつでも古くかつ新しいのですから」（同書、四九〇ページ）。あらゆる言外の意味を通して聞き取るべきこととは、〈たとえニヒリズムのこの特殊歴史的形式が歴史的に終焉したとしても、あいかわらず、技術を介して存在全体に支配を及ぼしている全体主義の問題、全体主義的国家の問題が立てられている〉ということである。次の文章のほうが理解しやすい。「今日、洞察力に富む精神を持った人なら誰でも、きわめて多様で本当に目立たないかたちをとるニヒリズムが人類の『常態』である、ということを否定しようとはしないでしょう。その最もよい証拠は、ニヒリズムの本質との対話へと至るのではなく、逆にニヒリズムに対抗して古き良き時代の再興に打ち込んでいるきわめて反動的な諸々の試みです。そうした試みは、〈人間の形而上学的位置の問題性〉を直視したくないから目を逸らし、逃避して助かろうとしているのです。形而上学を捨て去り論理学・社会学・心理学をその代わりにしようとしているかに見える場に至るまで、同じ逃げの姿勢がはびこっています」(68)（同書、四九一ページ）。ここにさらに読み取れるのは、全体主義的国家も近代科学も「技術の本質的展開の必然的帰結」であるということ、そして――

これは転回をもう少し先まで推し進めることになるが――反動的ではない唯一真なる思想とは、ナチズムの本質から目を逸らさずその本質を「敢然」と思考しナチズムに対峙する思想であるということである。それはまた、一九三五年に講義として行なわれ、一九五三年に変更なしに公刊された『形而上学入門』の有名な一節の意味でもあった。国民社会主義の「深奥の真理と偉大さ」に関する一節である。ここで国民社会主義とは「地球〔=惑星〕レベルで規定された技術と近代的人間との出会い」(69)〔前掲邦訳、二五二ページ〕のこととされている。文章は明快で、『存在と時間』が否認した貴族主義の問題から、ナチズムを哲学的に取り込むことへと展開される。ナチズムは、言わば一般化され、〈技術の本質の発展の或る状態の発作的現われ〉と見なされる。ユンガーの歩んだ道は、ハイデガーのそれとよく似ている。責任への呼び掛けを行なっておきながら、その呼び掛けから生じるさまざまな帰結についてきちんと責任を引き受けられなくなり、しかもそのような自分の歩んだ道を否認しないまま、むしろ再評価するようになるからである。したがってユンガーは、ハイデガーが行なうこの種の自己再評価を、ほのめかしだけで理解することができた(70)。ナチスのニヒリズムとは、極限へのユンガー的移行によってニヒリズムを乗り越える英雄的努力であり、ニヒリズムの究極的形式の代表であるが、最終的にはハイデガーの存在論的差異の主張となる。つまり、存在者と存在のあの分離――いつまでも存在から分離されている存在者と、その存在との乗り越え不可能な二元性――に敢然と立ち向かう道しか残されていない、という主張である。福祉の中への逃避に対立し死をものともしない英雄的哲学に代わって、この絶対的距離に敢然と対峙する哲学、同様に英雄的な哲学が打ち立てられねばならない。あらゆる形而上学的超越に対する拒否は、意志する意志の最高段階であるが、それはまた（右に引用した「有の問へ」で、ハイデガー自身がユンガーの晩年の著作、特に『線を越えて』の中に見破り告発している）存在の不在を忘却しようという最後の努力でもあって、やがて神秘的な「放下（すなわち達観）Gelassenheit」へ、存在の反ニヒリズム的啓示の期待へと至るのである。

　こうしてついには、英雄的乗り越えを行なうための（メーラー・ファン・デン・ブルックが言う意味での）第三の道が決定的に閉ざされたとき、原理において存在していた絶望的無力（社会構造の内で支配者＝被支配者の位置に身を置いた知識人の無力）が、再び見いだされる。力強い思想が消え去り、総動員を行なう能動的ニヒリズムを精神的純化として力づける活発な動きが消え去ってしまうと、後に残るのは、無力についての思想、受動的ニヒリズムである。この受動的ニヒリズムは、今度は、有能・無能を問わず存在忘却のうちへ自己放棄しているあらゆる人びとと、解脱状態に達した思想家との、これまた徹底した差異を主張することになる。

第2章　哲学界と可能性空間

哲学界における政治的立場表明

しかし、ハイデガーをとらえるには、ユンガーのみに照らし合わせればすむわけではない。彼の言説は、主観的にも客観的にも、異なる二つの社会的かつ心的な空間、つまり政治評論的空間と純哲学的空間という二つの空間との関係で定義される。ユンガーへの献辞が付され、それ故、ユンガーに向けて書かれたことがはっきりしている、技術に関する或る論考(「『線』を越えて」)の中でさえ、ハイデガーは、いわば「ユンガーの頭越しに」全く別の相手に語りかけている(何よりの証拠は、同書が一見したところ一般向けの技術論のテキストと思えるのに、その公刊の際ハイデガーが「有の問へ」という表題を付けたことであろう)。哲学的に反体制的な思想家ハイデガーは、哲学界の正統的争点を十分に認識・認知しており(これは、彼が現在と過去の基本的哲学者を参照基準にしているから、すぐ分かる)、アカデミックなエトスが文化と政治の間に設ける絶対的断絶を、心から尊重している。[1] アカデミックなエトスは、そうした断絶を設けて、自分の社会的幻想や倫理-政治的体質を、哲学的に構成しなおし見分けられなくするのであるが、その場合、必ずしも「隠蔽しよう」というはっきりした意図を抱いている必要はない。[2]

哲学的閉鎖性のない政治史の上では、ハイデガーはシュペングラーやユンガーの同時代人であるが、哲学界の自律的歴史の中ではカッシーラーやフッサールの同時代人である。すでに見たように、ハイデガーが位置づけられる est situé のは、ドイツ政治史の一定の時期だとしても、自らを位置づける se situe のは、哲学の内的歴史の一時期、もっと正確に言えば、繰り返し行なわれる「カントへ帰れ」という運動の中である。この場合、新しいカント像は、その度に先立つカント像に反対して構築されるから、その度に異なるものとなり、そうしたさまざまなカント像が、それぞれ、ドイツ講壇哲学の歴史の画期をなすことになる。コーエンとマールブルク学派がフィヒテのカント読解に異議を申し立てる。同じようにハイデガーは、新カント学派の大哲学者たちの読解を告発するわけだ。ハイデガーによれば、新カント学派は、『純粋理性批判』を、学の可能性の条件の探究へと還元し、思索を、思索に事実上・権利上先立つ諸真理に隷属させてしまう[3]。これとは別の系譜に従って、キルケゴール、フッサール、ディルタイによってそれぞれ基礎を与えられた系列の交差点に、ハイデガーを位置づけることもできる。或る領域へ組み込まれているということは、その領域の歴史へ組み込まれているということでもある。その領域固有の問題設定の仕方が歴史的に構成され、実際に制度化されるから、人びとはそうした問題設定の仕方を認知・認識することをとおして、その領域の歴史の中へ統合されるのである。哲学者ハイデガーは、或る系譜を復元しながらそこに自分を位置づけるが、こうした系譜は、しっかりと基礎づけられたフィクションである。知的伝統の遺産相続人は、たえず自分の祖先や同時代人について語るが、いつでも彼らから距離を置いたところに身を置いているのである。

それ故、ハイデガー思想ほど明確に学術的体裁をとった哲学思想を、哲学界との関係なしに理解することなどできはしない。この哲学思想は、哲学界という領域にしっかり根をはっているのだから。ハイデガーはたえず、他の思想家たちとの関係の中で思考し、自らのことを思考した。そして、一見逆説的であるが、そのことによって、彼の自律性・独自性はより一層前面に現われてくる。ハイデガーの根本的選択はすべて、彼のハビトゥスの最深の体質のうちに原理を持っており、時代の雰囲気から借用した互いに対立する諸概念の「基本的」組合せのうちに表現されるにしても、すでに構成された哲学空間に照らして、つまり哲学的立場表明の領域との関係で定義される。「哲学的立場表明」とは、さまざまな社会的立場がネットワーク状になったまま哲学の領域内で、その領域の論理に従い再生産されたものである。倫理－政治的な立場表明の哲学的変容という作業は、こうした可能な哲学的立場表明の領域へのたえざる照合という作業を介して行なわれる。また、この照合作業を通して、諸問題も、それに対するあらゆる可能な解決からなる構造化された宇宙も与えられ、この宇宙が、或る立場表明の哲学的意義を前もって規定することになる。これまでにない立場表明でも、たとえば「反カント主義」とか「新トマス主義」というかたちで、規定されるわけだ。そして一定の思想家が、哲学的立場表明の構造と純政治的立場表明の構造の（多少とも意識的に感じられている）相同性をとおして、自分の倫理－政治的な選択と両立しうる哲学的立場表明を選ぼうとする場合、この照合のせいで、選択肢の幅はきわめて厳しく限定されることになる。

何らかの立場表明を哲学的なものとして立て、それをひとに押しつけるには、その立場表明を、或る一定の時期に哲学的に認知・認識されている諸立場表明の領域と関係づけて定義し、哲学的な問題設定の仕方——これは一定の時期に、哲学界の構成要素としての諸対立というかたちで与えられる——に適う解答として認めさせなければならない。領域の相対的自律性は、その領域が持っている次のような能力のうちに現われる。或る言説を方向づける倫理－政治的体質とその言説の最終的形式とのあいだに、正統な問題と正統な思索対象からなるシステムを介在させ、そのことによって、あらゆる表現意図に体系的変容を強いる、という能力である。「哲学的にまとまったかたちに制作する mettre en forme philosophiquement」とは、「政治的に体裁に気をつける mettre des formes politiquement」ということである。或る社会的空間（これは心的空間と不可分である）から別の社会的空間へ移行が行なわれるとき或る変形作業が前提されるが、この作業によって、最終的な生産物〔たとえば哲学の著作〕と、その生産物がはじめに備えていた諸規定との関係は、見分けられなくなる。哲学的立場表明とは、その体系性を別にすれば、「素朴な」倫理－政治的立場表明の相同物にすぎないのに、その相同性が見えなくなるのである。

哲学界の状況と新しい立場

哲学者は、社会的空間（もっと厳密に言えば、権力の領域の構造）の中でその哲学者に割り当てられる立場と、哲学的生産の領域の中でその哲学者が占める立場とによって二重に定義され、二重に組み込まれている。この事態がもとになって変容のプロセスが出てくるが、このプロセスは、哲学界の無意識的作動メカニズム——ハビトゥスとはこれを翻訳しなおしたもの——と同時に、体系化をめざす意識的戦略と、不可分に結びついている。こうして、自由主義・社会主義・マルクス主義・「保守的革命」思想といった、政治空間で最も目立つ立場、あるいはそれに対応する社会的立場に対するハイデガーの関係は、根本的対立の一連の相同的関係全体を媒介とするかぎりでのみ、成り立っている。根本的対立は、実際、根本的対立は、相同的関係のうちで、明白に現われると同時に変容するのである。政治的ないし社会的立場に対するハイデガーの関係は、まず、二重に拒否する関係、二重に距離を置く関係であり、それは精神的貴族階級の一員であることからの帰結である。貴族階級は、一方で希少性を誇るがゆえに、大衆化 Vermassung、「平準化」、「レベル低下」——ハイデガーはあふれるほどの凡庸な学生・教員にうんざりすることになる——に脅かされ、他方では王侯の助言者であり大衆の牧人であるという道徳的権威であるがゆえに、そうした権威を必要とせず、自分で自分の目的を決める産業ブルジョワジーおよび民衆運動の出現によって脅かされていた。こうした関係は、哲学と他の諸学問の関係のうちにも、特殊なかたちで現われている。一九世紀末以来、思索の専門家としての哲学者の団体は、心理学主義と——とりわけ——実証主義に対して、たえず総動員体制をとることになるが、それは、自然科学が発展し、知的支配の自負を抱き、自分なりの思索を備えるようになるとともに、社会科学が出現し、哲学的思索の伝統的対象を横取りしようとしたことで、脅かされたからであった。実証主義は、哲学を科学認識論 Wissenschaftstheorie とみなし、哲学をその限界内に閉じこめようとする（「自然科学的」および「実証主義的」という形容詞は、歴史家たちのあいだでさえ、徹底した非難の言葉として機能する）[4]。「ドイツのナショナリスト」に支配され、全体としてきわめて保守的な大学の世界では[5]、たとえば社会学は、フランス的で庶民的な科学とみなされ、（特にマンハイムに代表されるような）批判的な過激思想の側に位置づけられて、「あらゆる欠陥をそなえたもの」と捉えられた。「了解 Verstehen の予言者」としての哲学者たちは、そうした社会学的な通俗的還元主義の企てについて、特にその企てが知識社会学というかたちを取る場合、どうしても無視しきれないので、沈黙するのである[6]。哲学と諸科学のこの関係は、ハイデガーと新カント主義者の関係の中へと特殊化されている。当時、新カント主義者の中には、西南学派とマールブルク学派という二つの流れがあった。前者の代表はヴィンデルバントやリッケルト（ハイデガーの教授資格論文の指導教授）、後者のそれは第三帝国のイデオローグたちから毛嫌いされたヘルマン・コーエンである[7]。ハイデルベルク大学教授ヴィンデルバント（その後継者がフッサール）は、不可知論的な実証主義へと傾斜していくコーエンに対する批判を展開したが、この批判は、〈形而上学に対するカントによる批判〉に対立してやがてハイデガーが行なう批判を予告している。マールブルク学派がカントの作品に発見する経験主義的認識論は、哲学的批判をやめ、その代わりに経験の因果的・心理学的分析を行ないながら、一方ではヒュームへ、他方ではコントへと向かい、遂には哲学を認識論へと解消してしまう[8]。もっと形而上学的発想の強いカント主義も存在していた。その代表は、

「自然哲学」へ向かったアロイス・リーグルと、（ギュルヴィッチの見事な表現を用いれば）超越論的分析を存在論的形而上学に変容させるラスクであるが、ラスクはハイデガーの師のひとりである。[9] こうした流れに対抗しながら、コーエンとカッシーラーは、啓蒙の偉大な自由主義的伝統とヨーロッパ的ヒューマニズムの優れた遺産相続人として現われた。カッシーラーは、「ワイマール共和国憲法」が「ドイツの伝統内の異質な闖入物」などではなく、逆に観念論哲学の到達点であることを、示そうとする。[10] コーエンのほうは、社会主義的なカント解釈を提示し、「他人の人格を手段としてではなく目的として扱え」と命じる定言命法を、将来の道徳の計画と解釈する（「そのように解釈することによってのみ、目的として人類を最優先させるという考え方は、各々の人間を最終目的・自己目的として定義することをめざす社会主義の理念となる」[11]）。

新カント主義のさまざまな代表者が支配的な地位を占めているから、他の重要な立場の者たちも、経験的意識の諸心理学に対立するものとして定義されると同時に、新カント主義の代表者との関係で（厳密に言えば、それらの代表者に対立するものとして）定義されることになる。心理学主義・生気論・経験批判論といった経験的意識の心理学も、新カント主義の代表者が、逸脱した超越論的分析を用いて支援しているように思える。「他の重要な立場」とは、たとえばフッサールの現象学である。この現象学の内部は、反心理主義的な超越論的論理学と存在論とに分割されている。また、生の哲学 Lebensphilosophie に直接間接由来し、いまや文化哲学の方向へ向かおうとしている流れの全体も、重要な立場である。ディルタイ（ハイデガーに及ぼした影響はよく知られている）ばかりでなく、ヘーゲル、リップス、リット、シュプランガーといった人びとの遺産を相続する人びとが大学内にいたし、大学外の通俗版としても、ベルクソンの影響を受け、新保守主義の文学（たとえば、世界の知性化や技術による支配に対する情熱的な批判を基礎づけるために、感情移入 Einfühlung や直観 Anschauung を賛美し、「魂か精神か」といった過度に単純化した二者択一を利用しようとするもの）にきわめて接近するルートヴィヒ・クラーゲスの思想があった。さらには、ウィトゲンシュタイン、カルナップ、ポパーらの論理実証主義も重要である。一九二九年に公になった宣言の中で、ウィーン学団は、講壇哲学を支配する意味論的混乱を告発し、進歩主義的運動への共感を表明して、社会的な問題で過去にしがみついている者は神学・形而上学においてすでに乗り越えられた立場をあいかわらず守っているにすぎない、とみなしている(12)。

　ハイデガーがコンスタンツのギムナジウムを卒業しデビューした頃、哲学界の可能性空間は、以上のようなものであった。当時、目に見えないところで、哲学界には、抑圧された二人の立役者が取りついていた。マルクス主義と、「保守的革命家たち」の反動的形而上学である。このような場所、このような時期に哲学界に属するということは、哲学界という領域の構造をかたちづくる諸対立の中に刻み込まれた問題・計画と対峙する、ということであった。実在論にも、経験的主観の心理学にも、さらにはもっと悪い、いかなるかたちの「歴史主義的」還元にも陥ることなしに、超越論的意識の哲学を乗り越えるにはどうしたらいいか。ハイデガーの哲学的企ての独自性は、哲学的意味で革命的な強権発動によって、哲学界の真っ只中に新たな立場を存在させようとする点にある。他のあらゆる立場は、ハイデガーが設定するこの新たな立場との関係で、定義しなおされなければならなくなる。この新たな立場は、カント主義の乗り越えとして素描されるが、大学に制度化された正統な哲学的問題設定には不在で、たとえばゲオルゲ・サークルのような政治的・文学的運動によって、言わば哲学の領域の外で求められ、学生や若い助手の期待・関心をとおして領域の中に持ち込まれたものであった。このように哲学界の真っ只中で力関係の転覆を実現し、異端・通俗とみなされるおそれがある立場表明に尊厳の形式を与えるためには、反逆者の「革命的」体質と、哲学界の核心に蓄積された大資本が保障する特殊な権威とを、結びあわせる必要があった。ハイデガーは、フッサールの助手をつとめ（一九一九年より）、マールブルク大学正教授になり（一九二七年）、大学の内外の危機的状況を利用して、革命的かつ保守的な言説を人びとに押しつけることができるような、前衛思想家の悪魔的威厳を手にしていたのである。ウェーバーが古代ユダヤ教に見て取ったように、予言者は、祭司カーストの転向者であることがよくあって、祭司秩序の転覆のために特殊な大資本を投じ、最も神聖とされる原典の新たな読解の中から革命の武器を取出し、伝統をその原本的本来性のすがたに再興することをめざすのである。

ハイデガーのハビトゥス

農村プチブル出身のこの「原本的教授」は、存在論の思考図式・用語に従う以外に、政治を思考することも語ることもできない。その究極において、ナチスの学長の演説が、形而上学的信仰告白に仕立て上げられるわけである。哲学界―政治界間の相同性をベースにして哲学的立場―政治的立場間に相同性が打ち立てられるが、この相同性を実際に作動させているのは、彼のハビトゥスである。ハイデガーの気質・利害関心は、さまざまな領域内での彼の立場（社会空間内の中産階級 Mittelstand という立場、中産階級大学人という立場、大学界の構造内の哲学者という立場、等）と、そうした立場へ至るまでの彼の社会的経歴（ハイデガーのように、大学人の家系に生まれついていない者は、たとえ大学人として出世しても知的領域ではいつまでたっても落ち着けない）とに、密接に結びついている。彼のハビトゥスは、そうした気質・利害関心の集合全体を統合しているのである。ハビトゥスは、それ自体、相互に独立した諸決定条件が統合されて産み出されたものであるから、異なる秩序に属する諸規定を実践・産物の中でたえず統合するが、その実践・産物は本質的に多元的に決定されている surdéterminé ことになるのである。

ハイデガーは、きわめて例外的な或る能力を持っている。〈政治の領域と哲学の領域の中に散在していた諸問題を、彼ほど「徹底」した「深い」やり方で立てた者はこれまでいない〉という印象を人びとに与えながら、それらの問題をまとめ上げる技能である。こうした「対位法的能力」とでも言うべきものは、彼の社会的経歴に関連づけて理解すべきだろう。単調な経歴しか持たない者と比べると、ハイデガーのように、上昇してきた経歴を持つ者は、異なる社会的宇宙を次々と横切ってきたわけだから、同時にいくつもの空間で語り思考するすべが身についており、親しい読者（ハイデガーの場合は、特に、根なし草の知識人を拒否することによって、また拒否するために持ち出される「農民」という読者、幻のような読者）以外の読者に語りかけることができるようになる。またハイデガーは、おそらく、かなり成長してからもっぱら学校で知的言語を習得したせいで、知的言語に日常的響きを与えると同時に、日常言語に知的響きを与えることもできるようになった（これが、『存在と時間』の生み出した予言者的な「見え隠れ estrangement」効果の原動力のひとつである）[13]。しかし、哲学界におけるマルティン・ハイデガーの特殊な位置をほんとうに理解するには、知的宇宙に対する彼の関わり方がきわめて厳しく緊張をはらんだものであったことを考慮に入れなければならないが、彼がそうした関わり方しかできなかったのは、まさに彼自身の社会的経歴のせい、およそありえないような、それ故きわめて稀な経歴のせいなのである。実際、カント主義の偉大な師たち、ことにカッシーラーに対するハイデガーの敵意は、まちがいなく、ハビトゥスの深い対立に由来していた。「一方には、色が浅黒く、スポーツマンでスキーが得意、エネルギッシュで精悍な顔立ちの小柄な男。気難しく接しにくいこの男は、誰よりも深く真摯な道徳を心に抱きながら、自分が立てた問題に全力で取り組む。他方には、白髪で外面ばかりか内面も威厳に満ちた男。精神は広大、問題設定は壮大、顔立ちは穏やか、人当たりがよく、要するに貴族的な気品 distinction を備えている」[14]。カッシーラー夫人の言葉も引いておかなければならない。「わざわざ前もって『ハイデガーの風采は興味深いですよ』と、はっきり伝えてくれる人がいたので、私たちはそのつもりで出かけていた。ハイデガーが、あらゆる社会的約束事を拒否していることや、新カント学派の人びと、特にコーエンに対して敵意を抱いていることも、私たちは知っていた。彼が反セム主義へ傾倒していることも、私たちにとっては目新しいことではなかった（……）[15]。招待客全員が到着した。女性は絹のドレスをまとい、男性は正装している。いつまでもずるずると続くスピーチのせいで長引いた晩餐会が後半に入ろうとするとき、ドアが開いて、風采の上がらない小柄な男が部屋に入ってきた。まるで城門から追い立てられる小柄な農民みたいに、おどおどしている。髪は黒く、眼は陰気で鋭い。オーストリア南部あるいはバイエルン出身の職人、という印象を受けたが、彼の方言で、すぐにその印象が正しいことが分かった。彼は、時代遅れの黒いスーツを着ていた」。少し先で、夫人はこう付け加えている。「私にとって、いちばん不安に思えたのは、彼のどうしようもないほどの生真面目さと、ユーモアの完全な欠如である[16]」と。

知的世界のいごこちの悪さ

風采を過小評価するのは、おそらく避けるべきだろう。「実存的スーツ[17]」やお国訛りは、この「輝かしい」大学人の一種の衒いである。すでに彼は、師や学生たちの称賛にとりまかれていた[18]。農民世界を理想化して照合基準にすることも含め、こうした類のことにはハイデガーの気取りがはっきり感じられるが、これは、〈知的世界への難しい関係を哲学的態度へと変換する仕方〉にほかならないのではないか。ハイデガーは、「輝かしい」成り上がり者、排除された排除する者であって、知的世界の中へ、知的生を生きる別の仕方を導入する。それは、他の者と比べ、はるかに「真摯」で、（たとえばテキストの扱いや、言語の使い方について）はるかに「厳しく」、しかしまた、はるかに全体的な生き方、つまり思想の師という生き方である。思想の師は、哲学を科学論に還元しつつ擁護しようなどとはせず、もっとはるかに広い全体的な権限を求めながら、国家の道徳的意識という役割と司牧的な使命とを果たすために、模範的な存在として絶対的・非妥協的な生き方を貫かねばならない。

ハイデガーの眼に大ブルジョワと映る人びとが身につけた「民主主義」「共和主義」「社会主義」的気質は、知識人の家庭に生まれつかなかったハイデガーには、転倒して現われる。ハイデガーの貴族的民衆主義が隠している二重の拒否、つまり貴族と民衆に対する拒否は、おそらく、こうした逆説的な転倒について彼が抱きうるひんしゅくを買いそうな表象と、無関係ではない。ハイデガーは、自分があらゆる点で大ブルジョワから切り離されていると感じ、自分の民衆主義だけが「本来性」と誠実さを備えていると確信していた。冗舌で軽薄なヒューマニズムに対するハイデガーの敵対関係は、ハイデガーの哲学体系の核心において、次のような対立概念へと練り上げられている。第一に、本来性の完全な表現としての沈黙 Verschwiegenheit と冗舌 Gerede, Geschwätz との対立。第二に、「土」「根」のイデオロギーの核心としての根づき Bodenständigkeit と好奇心 Neugier との対立。ここで「好奇心」とは、プラトンの場所論を介して、「放縦な意識の流動性」とか「彷徨する（キーワードのひとつ）ユダヤ的な知識人の根無し草的性格」のこと、とみなされている。[19]

第三に、農民の農村的・前産業的・古代的な単純性と、都会的・ユダヤ的「近代」の不純な洗練との対立。農民と都市労働者（「ひと」の原型）の対立は、「存在の牧人」と知識人（絆・根・信・法を持たず彷徨する）の対立に対応している。

ハイデガーは、同時代の知識人や学生の風紀に対して、道徳的な憤りを露にしているが、それについての証言はよく見かける。「ハイデガーは、あらゆる『文化哲学』に対し、また哲学会に対して怒りをぶつけたが、この悲壮な怒りは、第一次大戦後公刊された大量の雑誌にも向けられ、より一層激しくなっていった。きわめて辛辣な調子で、シェーラーについて、こんなふうに彼は書いている。〈他の碩学たちが、すでに過去のものになった『ロゴス』誌から少し距離をとって、『エトス』誌とか『カイロス』誌を出しているのに、シェーラーはE・フォン・ハルトマンを『焼きなおしている』。『来週はどんな冗談を読まされることになるのだろう。この時代よりも、内側から見られた精神病院のほうが、はるかに明瞭で理にかなった光景を与えてくれる、と私は思う』〉と」（K・レーヴィット「ハイデガーにおける実存の哲学の政治的含意」**K. Löwith, «Les implications politiques de la philosophie de l'existence chez Heidegger»**, *loc. cit.*, **p. 346**）。ナチスの学長のメッセージの行間には、（ブルジョワ?）学生の「のん気」で安易な生活のイメージが現われている。「あれほど褒めそやされた『大学の自由』が、ドイツの大学から追い払われました。この自由は、純粋に否定的なものなので、非本来的だったからです。『大学の自由』とは、〈意図したり傾倒したりすることだけに満足するのん気さ〉とか、〈行動や自由放任を楽しむ資格〉のことでした。しかしいまや、ドイツの学生固有の自由の概念が、その真の姿で立ち戻ってくるのです」（ハイデガー「ドイツの大学の自己主張」一九三三年五月二七日、

M.Heidegger, «Discours et proclamations», *Médiations*, 1961, no 3, pp. 139–159)。別の証言（cf. P. Hühnerfelt, *op. cit.* p. 51）から分かることだが、ハイデガーは、自分の同僚をひとりとして評価せず、アカデミックな哲学を「かろうじて存続している」にすぎないものとみなし、そうしたアカデミックな哲学に関わろうとしなかった。

ハイデガーは農民世界を理想化し、この世界についての自らの経験を情熱的に語っているが、彼のこの経験の中に見て取らなければならないのは、この経験の基礎になっているものではなく、知的世界に対するアンビヴァレントな感情の表現、昇華され婉曲に表現されたその感情である。ハイデガーは、ベルリン大学からの招聘を断り、その理由を「なぜ私たちは土地にとどまるのか」というタイトルのラジオ講演で説明しているが、ここから、ポイントになる重要な言葉をいくつか引いておこう。「或る冬の夜更けに、雪の嵐が避難小屋を包囲し、すべてを覆い尽くします。と、そのとき、哲学の偉大な瞬間がおとずれるのです。哲学の問いは、単純で本質的に（einfach und wesentlich）にならなければなりません（……）。哲学の仕事は、原物から孤立した企てとして成し遂げられることはありません。それは、農民の仕事の核心に結びついているのです（……）。都会人も、へり下って農民と長い会話を交わしてみると、自分が今『民衆と一体になっている』と感じることができます。晩に仕事を中断し、暖炉のまわりや『神が祭られた隅』（Herrgotteswinkel）の近くの腰掛けに、農民とともに座っているあいだ、ほとんど私たちは言葉を交わしません。私たちは黙り、パイプをふかしています（……）。私の仕事は、シュバルツ・バルトとその土地の人びとに深く結びついていますが、それは、私がアレマニエン＝シュバーベンという郷土に一〇〇年も前から根づいていること（Bodenständigkeit）

に基づいています。この根づきを、何か他のものに取り替えることなどできはしないのです」(ハイデガー「なぜ私たちは土地にとどまるのか」《*Warum Bleiben wir in der Provinz?*》, *Der Alemanne*, mars, 1934〔東専一郎他訳『思惟の経験から』創文社、一六ページ〕。G. Schneeberger, *op. cit.*, pp. 216–218 に引用されたもの)。もう少し先でハイデガーは、ベルリン大学からの二度目の招聘のとき、「旧友の七五歳の農民」に会いに行った経緯を語っている。この農民は、黙ったまま、ハイデガーに招聘を拒否すべきことを示唆したそうである。『哲学聖人伝』の「ヘラクレイトスのかまど」の隣へ挿入されることが、前もって約束されたような逸話である。

ハイデガーの文体

諸可能性空間の標識となるような哲学上の大きな選択肢(新カント学派、新トマス主義、現象学、等)は、白髪とか威厳のある風采というような、哲学者の在り方・振る舞い方・語り方のうちに五官で捉えられる形式(可感的形式)をとって、しかも哲学者の具体的容貌となってにじみ出る倫理的気質や政治的選択と結びついて現われる。哲学史家たちは、このことを忘れていることが、あまりにも多すぎる。共感・共鳴、反感・憤りを覚えながら、いっしょくたにとらえるこれらのさまざまな可感的形状(具体的な姿かたち、身のこなし、語りくち)をとおして、私たちは諸々の立場を体験し、立場表明を定義する。哲学界で成功している売り込みとか配置転換が前提する倫理-政治的かつ哲学的な「ゲーム感覚」とでも言うべきものが、多元的に決定されることうした指標を基準にしながら、形而上学および「理性の支配」に対する新カント主義による批判を転覆する反革命と、「保守的革命」とを一体化させるような哲学的投企を生み出すのである。

ハイデガーは、かなり稀な特殊能力を身につけている。この能力は、まずイエズス会の学校で、次にフライブルク大学の神学者たちから、そして哲学書の読解を通じて、獲得されたものである。彼は、こうした哲学書の読解によって、徹底的（この言葉は、彼の文章・書簡に繰り返し現われる）でしかも大学で尊重される問題提起を行なおうとしていた。この明らかに矛盾する野心が、ハイデガーを導いて、対立する両極の象徴的統合へと至らせた。彼は、閉鎖的な大学の神無き神学の中で、ゲオルゲ・サークル George-Kreis のような小グループの秘教的貴族主義（ノルベルト・フォン・ヘーリングラットによって再発見されたヘルダーリンとか、ラインハルトの『パルメニデス』のことを考えること）と、青年運動 Jugentbewegung やシュタイナーの人智学運動といったエコロジー的神秘主義とを、調停しようとするのである。ゲオルゲ・サークルから、ハイデガーは知的完成のモデルを借りている。また、青年運動とは、農村の単純さ・簡素さ、森の散策、自然食・手織物への還帰などを主張する運動である。シュテファン・ゲオルゲの作風は見事なまでに反ワグナー的であり、リズミカルで韻律に富んだものであったが、ハイデガーの文体は——おそらく心ならずも——ワグナー的で仰々しく誇張されたものになり、その前衛主義的形式の核心は、正典となっている哲学書を「通俗化から救う」点に置かれるようになり、[21]「手間暇かかる行動の世界」「手の届く範囲のもの」つまり日常的実存への還帰が説かれ、[22]自然産物や郷土衣装を大切にしようという地方的禁欲主義（イタリアワイン、地中海の景色、マラルメふうの詩、ラファエロ以前の絵画、古代ふうの服装、ダンテふうの像などを愛好する通人たちの耽美的禁欲主義が、プチブル的に戯画化されたもの）が主張されることになる。ハイデガーのこうした学者版貴族主義、「民主化された」貴族主義を見ると、「貴族階級から排除されているのに、どうしても貴族主義を排除できないでいる者」としてのハイデガーの姿が、はっきり浮かび上がってくる。

ふつうはおよそ考えられないようなこうした文体上の結合は、イデオロギー的な結合を伝える任務を負っており、このイデオロギー的結合と厳密に相同的である。この相同性を理解するには、ハイデガーの言語を同時代の言語空間の中で再構成すれば十分である。ハイデガーの言語が備えている「卓越性」や社会的価値は、同時代の言語空間の中で定義されるからである。この言語空間をかたちづくる主要なものだけを上げておこう。第一に、シュテファン・ゲオルゲふうのポスト・マラルメ的な詩にみられる定型化され儀式ばった言語。第二に、カッシーラーふうの新カント的合理主義のアカデミックな言語。第三に、メーラー・ファン・デン・ブルック[23]、あるいは政治空間の中でもっとハイデガーに近いところにいたエルンスト・ユンガーらの「保守的革命」[24]の「理論家たち」の言語。ハイデガーの言語は、ポスト象徴派の詩の言語を哲学的秩序の中へ転位したものであるが、特に語彙の点で厳密に儀礼化され高度に洗練されたこの詩的言語とは対照的に、概念詩 Begriffsdichtung の純概念的論理が「破格」[25]を許容する性質を利用して、講壇哲学の高度に中性化された言語からも、大詩人の秘教的言説からもはじき出されている単語（たとえば「気づかい Fürsorge」）や主題を、積極的に取り入れている。ハイデガーは、日常言語や常識的格言が内に秘めている無限の思想的潜在能力を利用しようという哲学的伝統を後盾にして[26]、講壇哲学の中へ（彼自身の好意的な注釈が付された「ヘラクレイトスのかまど」のたとえ話にしたがって）、それまで講壇哲学から追い払われていた言葉と物を導入するのである。ハイデガーは、数多くのテーゼや言葉を哲学的表現として「保守的革命」に捧げ、「保守的革命」のスポークスマンにきわめて近いところにいる。しかし彼は、ヘルダーリン的概念詩をアカデミックな世界へ取り入れた予言者として、「音と意味の共鳴のネットワーク」中へ、上述のきわめて「おおざっぱな」借用語を閉じ込め昇華させ形式化することによって、それらのスポークスマンからはっきり距離を取っている。古典的な大学人の文体に備わる冷静な厳密さにも、いろいろある。カッシーラーの場合は、エレガントで透明な厳密さであり、フッサールの場合は、過度に凝って難解な厳密さである。概念詩は、結局、そうした古典的な大学人の文体の正反対の側に、位置づけられることになるのである。

第3章　哲学における「保守的革命」

政治・大学・哲学を貫く理論路線

哲学における保守的革命家ハイデガーを分析しようとする者は、乗り越え不可能に見える困難の前に立たされる。この革命の特殊性を考察し、しかも「素朴」という非難を逃れる必要があるからである。まず一方で、この非難を逃れるためには、哲学の駆け引きの中へ実際に踏み込み（或る意味で、これはあまりにも安易すぎる。哲学的錯覚 illusio がもたらす主観的・客観的な利益は、きわめて大きいので、いったん踏み込んだらどうしても足をすくわれることになる）、ハイデガーによる転覆作業の基礎に相変わらず存在しているあらゆる前提、哲学界とその歴史の核心を成す前提を、本気でまに受けなければならない。ハイデガーの転覆作業は、こうした諸前提の検討を避けており、そのかぎりで哲学的革命たりうるのである[1]。しかし他方で、この哲学的革命を客観化し、この哲学的革命の出現の社会的条件を客観化するためには、哲学界の住人に特有な臆見と「素朴さ」を実際に宙吊の状態に置かなければならない。したがって、純粋な哲学作品が与えようとするイメージ、〈いかなる「還元」も到達しえないような不可触の聖なる現実〉というイメージを鮮明に心に描いて、哲学者の信念には手を触れないという危険を冒すと同時に、哲学の駆け引きに無関心・無資格の部外者と見られる危険も冒さなければならない[2]。

要するに、分析は、のめり込み過ぎ迎合してしまう危険と、「部外者」になってしまう危険とにたえず晒されるという、どっちつかずの状態を余儀なくさせられることになるから、ここで、「以下では哲学的かつ社会的戦略という純社会的次元を記述する」という基本方針をしっかり立てておこうと思う。ハイデガーの戦略は、哲学界という社会的小宇宙で生み出されたものだから、「哲学的」と「社会的」という二つの規定は分離できない。右の基本方針は、次のことを前提する（前提は、このように、はっきり言明しておけば、方法論的公準になる）。それは、「哲学者の純哲学的利害関心は、特殊な知の衝動 libido sciendi そのものとして存在しているまさにそのとき、哲学者が指導を行なったり自分の哲学を他の領域に応用したりするときと全く同様に、一定の時期の哲学界における立場によって、また、その立場を通じ哲学界の歴史によって規定されている」ということである。この歴史は、或る条件のもとで、歴史性と結びついた諸限界を乗り越える作業の根源に存在しうるものなのである。(3)

明らかに、ハイデガーの狙いは、まず第一に哲学界のうちに——哲学界のうちにだけ、というわけではない——しっかり刻み込まれている。まさにこの点で、彼は哲学者である。彼は何よりもまず、根本的にはカントとの関係で、より厳密に言えば新カント学派との関係で、明確な新しい哲学的立場を存在させようとする。新カント学派は、カントの作品・問題設定という象徴資本を楯にとって、つまり「正統な哲学的企て」であることが保証された象徴資本を楯にとって、哲学界を支配している。認識問題と価値問題という当時の正統な問い(4)を巡る新カント学派内の葛藤というかたちで実現している問題設定を通して、哲学界とそこを支配する人びとは、ハイデガーのような新参者の企てる転覆を、自らの標的かつ限界ととらえる。ハイデガーは、膨大な教養を備えている。そのうちには、正統なもの（彼は、カントを特にアリストテレスとの関係で理解し、いくつかのカントの作品論を公にしている）ばかりか、非正統的なもの、さらには異端的なもの（ドゥンス・スコトゥスに関する彼の教授資格論文〔「ドゥンス・スコトゥスの範疇論と意義論」岡村信孝他訳『初期論文集』所収、創文社〕が証拠になる）すらある。彼はこうした教養を手に、或る理論路線（この言葉には政治的含みを持たせてある）から出発して、上述の新カント学派の諸問題に取り組んでいく。この理論路線は、ハビトゥスの最も深いところに根をはっているが、哲学界の論理の中だけに原理を持つのではなく、次のように他の諸領域でも選択原理となっている。政治界・大学界・哲学界は互いに相同的であり、特にそれぞれの領域を構造化している主要な対立は相同的である。たとえば、政治界における自由主義とマルクス主義の対立、大学界における伝統的人文科学（哲学もそのひとつ）と自然科学（およびその実証主義的影響）との対立、あるいは伝統的人文科学と人間科学（および、それに付随する「心理学主義」「歴史主義」「社会学主義」）との対立、最後に哲学界におけるさまざまなかたちのカント主義相互の対立。これらの対立は、互いに相同的になっている。哲学界におけるカント主義の分裂がどれほど「純粋」であっても、政治ないし哲学的政治の領域には、必ずその反響が生じているのである。こうした相同性を忘れなければ、理論路線の感覚としての哲学的感覚が、〈政治界・大学界のあらゆる規定からの全面的自由〉

という錯覚をおそらく抱きながら、自分では哲学的地平においてのみ行なっているつもりの選択も、不可避的に政治界・大学界によって多元決定されている、ということが理解できよう。哲学的党派——支持するものが、直観か判断・概念か、超越論的感性論か超越論的分析論か、詩か論理的言語かにかかわらず——はどんなものでも、自らのうちに大学界の選択と政治界の選択を必ず含み、或る程度その政治界の選択を無意識に引き受けている。この政治界の選択が、その哲学的党派の最も深い規定の一部を支えているのである。

ハイデガーの思想に異常なまでに多音的・多義的な性格を与えているのは、おそらく、いくつもの言語使用域で調和を保ちながら同時に語る彼の才能である。端的に言えば、ハイデガーには、カント作品の純哲学的な読解（もちろん政治的意味も備わっている）に対する純哲学的な批判を通して、社会主義・科学・実証主義を（否定的なものとして）連想させる才能がある。ひとつの領域において、いかなる規定も否定である。（政治路線ないし芸術党派がそうであるように）理論路線も、互いに対立せずに自らを主張することはできず、したがって競争相手となる他の理論路線に対抗し、それらを否定しながら自らを主張しなければならない。構造的に相同の二者択一の両項双方に対する拒否は、提示される心的（かつ社会的）空間が異なっても、原理的に同一である。したがって、そうした対立を解決する道は、どの空間においてもつねに第三の道として提示されるが、どれも構造的に等価であるから、直接一致するのである。

ハイデガーは、自分の倫理-政治的体質に最も対立する（さらには反感さえ覚える）かたちをとった新カント学派（コーエン）の問題設定に立ち向かうと同時に、最も洗練され見違えるように刷新されたかたちをとった新カント学派（親しい敵対者フッサール）にも立ち向かう。このことによって彼は、諸空間相互の相同性を利用し、〈ハイデガーは、大学界の問題（科学と哲学それぞれの身分の問題）と政治界の問題（一九一九年の危機的な諸事件によって提起された問題）を、最も深く最も徹底した根本的なレベル、哲学というレベルで立てている〉という印象を、人びとに与えるのである。実証主義に近い新カント学派は、哲学をたんなる科学論に還元し、哲学を科学に従属させる。ハイデガーは、たとえば『カントと形而上学の問題』〔木場深定訳、理想社〕で、そうした新カント学派の方法の核心が〈ひとつの事実として構成された科学に関し権利上の条件の問題を立てる〉点にあるとみなし、この方法を拒否して、哲学が科学に従属するという関係を逆転させ、〈哲学は科学を基礎づけるのであって、科学によっては基礎づけられない〉という基礎づけ関係をしっかり設定する。マールブルク学派の法的分析のせいで、哲学は自律を見失った。この自律を再興するとともに、存在の意味に関する存在論的問いを、実証的科学の有効性に関するあらゆる問いかけの前提条件にしなければならない、と言うのである。(5)

哲学と科学のこの革命的な逆転は、「健全な小心 salva reverentia」とか「本質性 Wesentlichkeit の戦略」とか呼べそうなものの典型的な例であるが、さらに、もうひとつ別の逆転を引き起こすことになる。コーエンは、超越論的構想力の問題よりも判断の問題を特に重視したが、そうした主張へと彼を導いた論理を果てまで（つまり絶対的観念論まで）押し進めずに、直観を概念に還元し、感性論を論理学に還元して、物自体の観念をカッコに入れながら、（ヘーゲルの汎論理主義が立てるような）理性の完成された総合ではなく、悟性の未完成の総合を立てようとする。これに対してハイデガーは、知の不完全性の主張をとおして現われる「有限性」の問題を取り上げなおし、実存的時間性を感性的純粋理性の超越論的基礎として設定することによって、直観と感性論の特権を再興するのである。

徹底的な乗り越えの戦略

哲学的戦略は、哲学界の真っ只中で、必ず政治的戦略となる。ハイデガーは、あらゆる形而上学に対するカントの批判の基礎に形而上学を発見してみせるが、これは、カントの伝統に結びついた哲学的権威の資本を、「本質的思考 das wesentliche Denken」のために流用することにほかならない。「本質的思考」が、「数世紀にわたってあれほど称賛された」理性の中に「思考の最も執拗な敵」を見つけるのである。こうした流用は、あらゆる正統性がカントから流れ出すような哲学界では、ささいなことではない。

ハイデガーの第一の標的のひとりであったカッシーラーは、その点をしっかり見抜き、ダボスのインタヴューの中では、彼のアカデミックな「気品」をかなぐり捨てて、「横取り appropriation」とか「独り占め monopole」といった哲学者としてはおおざっぱ過ぎる言葉さえ使いながら、こう述べている。(7)

「カント哲学が問題になるかぎり、『この哲学を我がものにした』などという独断的確信の中でいい気になれる権利を持つ者など、ひとりもおりません。誰でも、あらゆる機会を見つけて、ひとに横取りされたカント哲学を、もういちど横取りしかえさなければならないのです。ハイデガーの著作の中に私たちが見いだすのは、カントの根本的立場についてのこうした横取りしかえす試みです」（E・カッシーラー、M・ハイデガー『カント主義と哲学についての討論（ダボス、一九二九年三月）』*Débat sur le Kantisme et la Philosophie (Davos. mars, 1929)*, éditions Pierre Aubenque, Beauchesne, 1972, 五八―五九ページ、傍点ブルデュー）。「横取りしかえすこと réappropriation」という言葉はあいまいだが、含みがある。この含みは、少し先で明らかになる。「ハイデガーは、もはやここでは注釈者としてではなく、言うなら武器を手にしてカントの体系の中に侵入し、カントの体系を自分の問題設定に従属させ利用する簒奪者として語っています。この簒奪を前にしては、現状回復を要求しなければなりません」（同前、七四ページ）。ここでもまだ「言うなら」という言葉を用い比喩として語っているが、直後に続くのは率直な表現である。「ハイデガーは、そのカント解釈の全体を通じて、ひとつの観念を前面に押し出します。もちろんそれは、『新カント学派を清算する』という観念です。ハイデガーによれば、新カント学派はカントの体系全体を認識批判の中へ溶かし込み、さらにはこの体系をたんなる認識批判へと決定的に還元してしまおうとするからです。そしてハイデガーは、新カント主義のカント解釈に対抗して、カントの問題設定の形而上学的な根本性格を提示するわけです」（同前、七五ページ）。「結局、ハイデガーの仮説は、武器なのではないでしょうか。私たちは、カント思想の分析の現場にではなく、この思想に対する論戦の現場の真っ只中に置かれているのではないでしょうか」（七八ページ）。ハイデガーは、カッシーラーのこうした戦略的分析をはねつけるが、ここには、ハイデガーが否認を行なうときのいつもの感覚が現われている。「『認識論的』解釈を前にし、何か新しい解釈を持ってきて、構想力を高く持ち上げることなど、私が意図することではありませんでした」(同前、四三ページ)。

カント主義の再解釈は、現象学の再統合と、そしてフッサール思想の「乗り越え」と、ひとつのものでしかない。(再解釈された) カントはフッサールを乗り越えるのに役立ち、逆に、フッサールはカントを乗り越えることを可能にしてくれる。〈前述語的客観性の直観としての純粋経験〉と〈総合の妥当性を基礎づける形式的直観としての判断〉との関係についての純現象学的問題の解決は、超越論的構想力の理論の中に発見される。フッサールは、(認識という行為は必ず時間化となるということを発見し、こうした解決の可能性を開いたにせよ) 超越論的論理学の探究の中に閉じこもり、結局は、こうした解決を提示することを自らに禁じていた。彼は、本質についてのプラトン的発想と、超越論的主観についてのカント的発想を調停しようとしたが、失敗した。この失敗を乗り越えるのは、時間性の存在論、つまり超越論的有限性の存在論である。この存在論は、人間的実存の地平から永遠性を排除し、判断の根本に、そして認識理論の基礎に、(知的直観ではない) 感性的で有限な直観を置く。現象学が知らない現象学の真理とは、そして新カント学派が隠蔽した『純粋理性批判』の真理とは、「認識とは、もともとは直観のことである」という点にある。超越論的主観性とは、客観化を行なう出会いや存在者への通路を可能にするために自らを超越するものであるかぎり、時間のことにほかならない。時間は、原理を構想力のうちに持ち、存在としての存在の源泉を成すのである。

逆転は徹底的である。フッサールも、存在を時間に関係づけ、真理を歴史に関係づけて、たとえば幾何学の起源についての問いを通してかなり直接的な仕方で、真理構成の歴史の問題を立てていた。しかしそれは、「厳密な学としての哲学」および「理性擁護」という「路線」に沿って行なわれた。ハイデガーは、時間の存在を、存在それ自体の原理とし、真理を歴史と相対性の中に沈めながら、内在的歴史性の（逆説的）存在論、歴史主義的存在論を基礎づける。(8) 或る場合には、何としても理性を救うことが問題になる。別の場合には、相対性の（それ故、懐疑主義の）原理である歴史性が認識の原理そのものとして設定されるので、理性は根本的な検討に付されることになる。

しかし実は、これはきわめて単純なことであって、この徹底的な乗り越えの戦略は、両義的な立場へ、もっと厳密に言えば、可逆的な立場へ私たちを導くのである（このことによって、後で、否認なしの逆転や、二重の意味を読み取らせる作戦が、簡単に行なえるようになる）。ハイデガーは、存在の中に歴史を刻み込み、本来的な主観性を「引き受けられた有限性」として、また「引き受けられたことによって、絶対的なものとなった有限性」として構成し、構成する「我思う」の核心に、構成するものであるとともに存在論的でもある（つまり構成を解体する）時間を設定するが、これは、カントによる形而上学の逆転を逆転することであり、あらゆる形而上学批判について形而上学的批判を行なうことであり、要するに、哲学における「保守的革命」を成し遂げることである。この革命は、「保守的革命家たち」（特にユンガー）の典型的な戦略を通して行なわれる。その戦略の核心は、〈身を焦がさないようにするために火中に身を投じる〉点にある。英雄的な究極的行動をとおして、何も変化させずに全てを変化させるわけだ。英雄的な究極的行動は、つねに彼方の彼方に身を置くことをめざして運動しながら、逆説的・魔術的命題において反対物を言葉の上で結びあわせ調停するのである。こうして、次のような主張も出てくる。〈形而上学は有限性の形而上学でしかありえず、有限性だけが無制約者に通じる〉とか、〈実存者は、歴史的であるから時間的なのではなく、逆に時間的であるから歴史的なのである〉といった主張である。(9)

ここで、ヘーゲルに対するハイデガーの関係を分析しておくべきだろう。この関係は、『同一性と差異性』〔大江精志郎訳、理想社〕にはっきり表現されている。そこでハイデガーは、たしかにヘーゲルに対立しているが、その実相は、言わば＋－の記号を入れ替えて、ヘーゲルを遠ざけ「異化」しつつ、ヘーゲルを自らの哲学の内に「併合」している。存在とは、ヘーゲルの場合は絶対的概念――存在者についての完全な思考――のことであったが、ハイデガーでは存在者との差異、差異としての差異になる。思考と存在の調停は、ヘーゲルの場合はロゴスの中で行なわれたが、ハイデガーでは沈黙の中で果たされる。ヘーゲルにおいて、無としての純粋存在は、諸矛盾の弁証法を通じて、生成の歴史へと変容するが、この弁証法が担う任務、つまり存在の顕示という任務は、後期ハイデガーでは〈言わば存在の不在を発見し、存在者との差異の中への存在の流出論的プロセスを、一種の否定的存在論（この場合の「否定」とは、否定神学と言われる場合のそれ）において顕現させよう〉という努力になる。このプロセスは、ヘーゲルの絶対者の自己運動 Selbstbewegung を反転したものであり、隠れた存在者 Ens absconditum についての詩的イメージか、それとも沈黙か、いずれかの中でしか表現できない。

こうしたハイデガーによる言葉の上での逆転は、実存者の本質的歴史性を前面に押し出し、歴史と時間性を存在という非歴史的で永遠なものの中に刻み込むことによって、歴史主義を回避させるものであるから、哲学における保守的革命のあらゆる戦略の最も基本的な枠組みになっている。つまり、そうした哲学的戦略は、いかなるものでもつねにその根本にこの「徹底的な乗り越え」を備えているから、これらの戦略によって、いっさいを変化させるかに見せながらいっさいを保存することが可能になる。これらの戦略は、ヤヌスのように二つの顔を持つ思考の中で反対物を結びつけるわけだが、この思考は前後同時に顔を向けられるので、この思考の裏をかくことはできないことになる。このような本質的思考の方法的徹底主義（つまり急進主義）は、右翼が左翼の左翼となり左翼が右翼の右翼になるような転換点へと導いて、右翼ないし左翼の最も徹底した（つまり急進的な）テーゼの乗り越えを可能にするのである。

歴史・時間の存在論化とその実践的表現

このようにハイデガーは、相対主義とニヒリズムの原理である歴史の中に、ニヒリズムの乗り越えを求める。しかし実は、これは、時間性・歴史を永遠化することによって、永遠なものが歴史化される事態を回避し、歴史主義的存在論を歴史から保護することにほかならない[10]。時間的実存に「存在論的基礎」を与えるということは、まず第一に、超越論的自我についての歴史主義という火傷しそうな見方に接近しつつ、きわどいところでこの見方を回避するということである。この歴史主義的見方は、(実証的人間科学が分析するような)認識主観が経験的に構成されるプロセスを認め[11]、「本質」(たとえば幾何学のそれ)が発生する際の歴史的労働と時間が果たす構成的役割を認めて、歴史に実在的役割を与えようとする。しかしまた、時間的実存に「存在論的基礎」を与えるということは、第二に、「すでにそこにある対象として人間を研究する[12]」あらゆる種類の人間学との間に、さらには、もっと「批判的な」形態をとった哲学的人間学(特にカッシーラーやシェーラーが提案するそれ)との間にさえ、徹底的差異を設定することでもある。歴史・時間の存在論化は(それと不可分の「了解 Verstehen」の存在論化と同様)、時間・歴史・有限性へと真理を還元することを基礎づけ、その基礎づけの運動それ自体の中で、科学的真理から永遠性(科学的真理に備わる基本性質、古典的哲学が科学的真理に認めていた性質)を奪い、歴史(および人間学的科学)から、現存在 Dasein の存在論的構成の永遠の真理をはぎ取る。「現存在の存在論的構成の永遠の真理」とは、時間化および歴史性のこと、つまり、あらゆる歴史(Geschichte

の意味での歴史と同様、Historie の意味での歴史）のアプリオリで永遠の原理のことである。こうして、歴史・時間の存在論化によって基礎づけられる哲学の歴史貫通的真理は、あらゆる歴史的規定の外側で、現存在の歴史貫通的真理を歴史性として表現するわけである。ハイデガーは、歴史性ないし了解を、現存在の基礎構造として、しかも現状に手を触れない基礎創設的な同語反復――「いかなる点で、了解の存在論は了解をよりよく了解させるのか」といった具合に――を通して設定するが、このことによって、〈より根本的な仕方・レベルで問いが立てられている〉という印象を与えながら、〈実証科学が歴史性ないし了解について十分に語れないことは、あらためて言うまでもなく自明だ〉とほのめかしているのである。

ダボスの討論で、カッシーラーの『象徴形式の哲学』に対抗してハイデガーが発動する戦略には、この哲学的「路線」の実践的表現が見てとれる。ハイデガーは、新カント学派の発生は「認識の全体の内部で、固有の領域としての哲学に何が残されているか、という問いを前にした哲学の困惑」（『カント主義と哲学についての討論』、前掲、一一八―一一九ページ）の中に探し求められるべきであるという主張を一挙に提示した後、人間科学を基礎づけようとする認識論的野心の基礎を問題にする。ただし彼は、この野心そのものは認める。彼には「ヒエラルキー感覚」とでも言うべきものが備わっており、見下している相手を頭ごなしに罵倒したりはしない。彼は、こう述べる。カッシーラーは、「神話学的実証研究を、根本的に上位にあるレベルへと導き」、神話に関するまとまった考え方を与えてくれるが、この考え方は「もし経験的研究に広まると、すでに獲得された与件をしっかり練り上げるためにも、また、新事実を結びあわせ分析するためにも、きわめて確実な導きの糸を与えてくれることになるでしょう」（同前、九四ページ、傍点ブルデュー）。支配的学説の支持者たちには、下位の学説に対峙するとき、連帯を表明することが義務づけられている。ハイデガーは、この連帯表明を型通り済ませると、本命の戦略に戻る。「いかなる乗り越えも乗り越えられない乗り越え」「自らを基礎づけ、いかなる基礎づけをも基礎づける基礎づけ」「あらゆる前提の絶対的前提」といった、本質性 Wesentlichkeit による攻撃である。「前提とされている神話の規定、〈神話とは、構成する意識の機能である〉という規定は、前提として十分基礎づけられているでしょうか。決して避けることができないこうした基礎づけの基盤は、どこにあるのでしょうか。その基盤それ自体は、十分に練り上げられているのでしょうか」。そしてハイデガーは、コペルニクス的転回についてのカントの解釈の限界に注意を促した後で、さらにこう続ける。「純粋理性批判を、そのまま単純に、文化批判へと『広げる』ことは可能でしょうか。したがってまた、『文化』についてのカントの超越論的解釈の基礎が、はっきり露呈され基礎づけられている、ということは、それほど確かなことなのでしょうか。むしろ、きわめて疑わしいことなのではないでしょうか」（同前、九五ページ、傍点ブルデュー）。ほんとうは、このような問いのかたちになった長い省察の全体を引用すべきかもしれないが、ここでは、ポイントだけ引いておこう。「基礎づけ的思考」によって乗り越えを行なおうというこの純粋な意図は、発生源的構造として機能する対立で武装する。つまり「広いもの」（それ故、表面的で「明快なもの」）と「深いもの」との対立である。そしてこの意図は、基礎的なもの（「深い」「基礎的な」「基礎づけ」「基礎」「基礎づける」「自らに基礎を与える」「深く」「基盤」等々という多様な表現のこと）や前提的なもの（「……ということは、それほど確かなことなのか」「……については、事情はどうなのか」

「……と自問する前に」「まず何よりも……すべきである」「それはその場合たんに……にすぎない」「基礎的な問題は、まだ手が着けられてない」等々の表現のこと）という、半ば呪術的・テロリズム的なレトリックの中で実行される。ハイデガーは、カント的主観性とその唯心論的用語（「意識」「生」「精神」「理性」など）の基礎について疑り深い問いかけを行なうから、読者は、ハイデガーがこの基礎の基礎を、神話的言説の生産者の存在の物質的条件の中に探求するのではないか、と期待するかもしれない。しかし実際には、ハイデガーは明らかに、そうした物質的条件の中に、この基礎の基礎を探求しようなどとはしない。ハイデガーの「基礎づけ的」思想は、そうした「通俗的な」――つまり、通俗的な意味で「経験的な」――基礎を認識しようとはしないのである[13]。この「実存的観念論」（ギュルヴィッチによるきわめて適切な命名）は、実存の物質的条件からしっかりと遠ざかるためにのみ実存に接近するのであって、民族的思想の伝統が言うような「内部への道 Weg nach Innen」をあいかわらず選び、「神話的思考」のこの基礎を、「実存一般の存在論的構成の前提的練り上げ」（同前、九七ページ）の中に探し求める。

超越論的なものの存在論化から否定的存在論へ

ハイデガーは、「存在論という傲慢な言葉」（カントの表現）の意味を根本的に変質させてしまうという代価を払い、現存在の存在論的構造の中に実存的諸特性を刻み込む。この諸特性は、認識（了解、さらには言語）を可能にする（いわば再洗礼を授けられ存在論的になった）超越論的諸条件として記述され（「基礎的実存疇」とか「現存在の存在の基礎的様態」としても示され）

ているから、同時に彼は、超越論的なものの存在論化を行なっていることになる。こうして彼は、反対物どうしの混合を最も基本的なかたちで実現する。この混合のせいで、彼のことを、対立する二つの立場のいずれに還元することもできなくなり、その立場を把握することができなくなるのである。この超越論的存在論が、認識する存在を非存在（つまり、時間化する行為、投企）と定義し、存在と時間を同一視しながら歴史を存在論化して、超越論的なものの存在論化を完成させると、右述の混合は、言わば倍加される。有名な転回（Kehre）が行なわれ、『存在と時間』の超越論的存在論および実存的分析論から距離が取られるという事態が、歴史の存在論化を経由して、全く自然に否定的存在論へ至りえたのも、当然である。否定的存在論は、「存在とは何か」を「存在とは現存在に現われるかぎりで何か」と同一視し、大文字の存在を顕現のプロセス（一種の「創造的進化」か）として提示する。そして、このプロセスの実現は、このプロセスを存在させる思考に依存する、つまり歴史性に身を委ね従うという「放下 Gelassenheit」に依存する、とされるのである。

思考における革命のこの超徹底主義（つまり超急進主義）は、「敢然としたアンガージュマン」の時期をいったん通過すると、「存在するものをそのまま認め」「その条件に従って生きること」へと各人を立ち戻らせる新トマス主義的な一種の知恵の中へ入るようになり、そこで完成することになる。このことを理解するには、「転回」と学長退任後の半引退生活との間の直接的関係を、あらためて確認するまでもないだろう。「砂漠のように荒廃した大地の彼方には、目に見えない牧人たちが住んでいる。この大地は、もはや人間の支配を保証することにしか、役立っていないはずである（……）。大地の隠された法が、穏やかな状態に大地を保っている。穏やかな状態とは、可能なことによって定められた枠内で、あらゆる事物が誕生し死んでいく、ということで満足する状態のことだ。それぞれの事物は、可能なことに順応しているだけで、可能なことを知らない。カバノキは、可能なことの限界線を決して乗り越えない。ミツバチの群れは、自らの可能性の内に棲んでいる。ただ意志のみが、いたるところで技術の中に身を落ち着け、大地を揺り動かし、大いなる苦役の中に、衰弱の中に、さまざまな人工物の中に、大地を閉じ込めている」(14)。

ハイデガーがこのように語るとき、純粋思考に備わる二つの暗示的意味合い、つまり大学界的意味合いと政治界的意味合いは、哲学界でもその彼方でも、鳴り響き続けている。最も純理論的なハイデガーの選択に備わる厳密に政治的な含意をとらえるには、ハイデガーの哲学的立場表明と彼の理論的な対話相手の哲学的立場表明を、大学界ないし政治界の論理に照らしながら考えれば十分であって、そうした二次的な意義を、あるがままの姿で探し求める必要はない。きわめて一般的な有効性を備えた「路線」、つまり、「経験的」かつ理論的な実存の倫理‐政治的選択を方向づけているハビトゥスの路線が哲学界に適用されると、領域間の相同性によって、比喩的対応・ほのめかし・含蓄といったものが生じる。大学界的ないし政治界的意味合いという二次的意義は、そうしたほのめかしの類いから、自動的に出てくるものだから、露骨な姿を探す必要などないのである。ハイデガーは、新カント学派に対し、カントを論理学・理性の方向へ引きよせるのではなく逆に感性論・構想力の方向へ引きよせなければならないとして、「科学に対する哲学の優位、判断・概念に対する直観の優位」を主張した。この主張が、政治界で観察される非合理主義の現われと、無媒介的に共鳴しあうことは、無媒介的に分かるのである。ハイデガーの『純粋理性批判』読解は、(カントによる直観と概念の区別を拒否し、直観の中にあらゆる認識の源泉を見いだしたショーペンハウエルのように) 理性を感性に従属させて「理性を感性化」しようとしながら、カント思想を根本的な啓蒙批判として提示している。

カント哲学は宗教と哲学を切り離すことに最も意を用いた哲学であるが、ハイデガーは、そのカント哲学に適用した戦略、「本質的思考」による徹底的な乗り越えの戦略を、宗教的 (厳密に言えばルター的) 伝統、あるいはキルケゴールの思想のような宗教に近い伝統にも適用する。こうしてハイデガーは、キルケゴールの反神学的神学がすでに形而上学的テーゼへと変容させていた宗教的主題を、俗化されたかたちで哲学の中へ導入するが、この場合も結果は、カント哲学の場合と同じである。たとえば、現存在の存在様態として構成される「過ち Schuld」という観念がそうである。他にも、「不安 Angst」「堕落 Absturz」「退廃 Verderbnis」「頽落 Verfallen」「誘惑 Versuchung」「被投性 Geworfenheit」「内世界性 Innerweltlichkeit」など、同じような起源、同じような色合を備えた概念は、いくらでもある。

ハイデガーが言いそうな言葉遊びで、「本質的思考 das wesentliche Denken」は本質化する、と言ってもいいかもしれない。「本質的思考」は、神学的観念をほぼ直接表現する用語で「現存在の存在様態」を描き、「ふつう」の人間の「ふつう」の条件を、はっきりと目に見えるかたちで、存在のなかに刻みつける。そうした人間の条件とは、「世界」へと放り出され見捨てられていることであり、「おしゃべり」「好奇心」「あいまいな態度」といった「世俗性」の中で「自分を喪失していること」である。この「堕落」の形而上学は、「彷徨」という一種の原罪を、あらゆる個別的な過ち（存在忘却、凡庸さへの回心、等）の原理とみなし、いまや「根無し草」という民族的 völkisch 意味に還元されている「疎外」（Entfremdung）という概念を、現存在の「存在論‐実存論的構造」として、つまり存在論的欠陥として構成し、自らの体系に併合する。この形而上学の真理は、その併合の戦略の中に、凝縮されて現われている。こうした併合の戦略は、ハイデガーが新カント学派に対抗する際に用いる戦略に、きわめてよく似ている。しかし、こうした「疎外」概念の戦略的借用には、歴史の存在論化が果たす政治的機能、社会状況を弁明し正当化する「弁社会論的 sociodicée」とでも言うべき政治的機能が露呈するとともに、きわめてハイデガー的なあのもうひとつの効果の真理も露呈している。それは、「およそ可能な徹底主義（つまり急進主義）すべての徹底的な（もちろん偽りの）乗り越え」が引き起こす効果のことである。この「乗り越え」は、順応主義を最も強力に正当化するのである。存在論的な疎外があらゆる疎外の基礎となっている、とみなすことは、あらゆる革命的な乗り越えの、徹底的だが架空のものでしかない乗り越えによって、言うなら経済的疎外と、その疎外に関する言説とを同時に通俗化し非現実化することだからである。

ハイデガーは、それまでは大学哲学界周辺に押しやられ、政治的神秘主義と宗教的熱狂（ニーチェとキルケゴール、あるいはゲオルゲとドストエフスキー）が混ざり合う小集団で扱われていた主題系、表現形式、特に呪術的・予言者的スタイルを、大学でも受け入れ可能な哲学思想の領分に取り込むことになる（新カント学派と論争を行なったことで、彼の尊厳は大いに高まった）。このことによってハイデガーは、マルクス主義と新カント主義双方に対峙するような、それまで不可能であった哲学的立場を生み出す。この哲学的立場は、イデオロギー的・政治的領域において、社会主義者と自由主義者双方に対峙している「保守的革命家」の立場と同じである[15]。この相同性のはっきりした証拠になるのは、ひとめで政治的と分かる問い――たとえば「技術への問い」――を別にすれば、何よりもまず、「決断」（Entschlossenheit）という概念に割り振られた場所である。「決断」とは、弁証法的止揚にも合理的省察にも対立しながら、自由に、そしてほぼ絶望的に、実存的限界と対峙することにほかならないからである。

第*4*章　検閲と作品制作

形式と内容

文化的生産の領域はどこでも、自らの構造それ自体をとおして、「検閲」を行なっている。自分の表現意図を、その検閲の限界内に収めるには、意識的かつ無意識的な作業を果たさなければならない。ハイデガーの作品は、そうした作業の模範的な現われである。哲学的問題設定は、客観的に実現された可能性空間であり、表現欲動を抑圧したり処分したり扇動したりするといった効果を及ぼす可能な市場として機能する。生産者としての各哲学者は、この問題設定を考慮しながら生産を行なわなければならない。そして、各哲学者の社会的幻想が表現されるのも、この問題設定が押しつけるさまざまな束縛の限界内においてである。したがって学問的言説は、フロイトが言う意味での「妥協形成 Kompromissbildung」として考察できる。(1)「妥協形成」とは、〈すでにそれ自体、領域内の自分の立場によって規定されている表現関心〉と〈言説が生産され流通する領域の構造的束縛、検閲として機能する構造的束縛〉との間の、相互作用の産物である。領域による検閲の或る状態で口にするのに抵抗がある表現欲動を、あえて口にするには、婉曲表現や昇華といった意識的・無意識的な作業が必要になる。この作業の核心は、作品をまとまったかたちに制作すること mettre en forme と作品の体裁に気をつけること mettre des formes にある。領域による検閲は、物質的ないし象徴的利益を手に入れるさまざまな機会から成る構造を通して、行なわれる。この構造の一定の状態において、右述の作業が成功するか否か、そして、利益をどれほどもたらすかは、その生産者の特別な資本、つまりその生産者の特別な権威・能力にかかっている。

作品制作の作業に含まれる右述の相互作用と妥協は、物質的ないし象徴的なコスト・利益を合理的に計算して意識的に立てられた目標である、などとみなすことはできない。レトリックの最も強力な効果は、次のような二つの内在的必然性の出会いから生じるが、この出会いは、意識によって決して完全には統御されないのである。ひとつは、領域内の自分の立場を維持しようとするハビトゥスの必然性、体質としてかなりしっかり刻み込まれた必然性、もうひとつは、領域の或る状態に内在する必然性である。後者の必然性は、客観的メカニズムを通して実践を方向づける。「客観的メカニズム」とは、たとえば、或る立場と、その立場にある者の体質との適合を保証するメカニズムとか、多様な諸領域の間の相同性を基盤にして、特殊専門的なレトリックの意図には接近不可能な不透明性・多音的複雑性を言説に与える多元決定・婉曲表現を、ほぼ自動的に生じさせるメカニズムのことである。

それ故、文化的生産物は、その最も特殊な固有性を、その生産の社会的条件に負うている。もっと正確に言えば、それとともに、生産領域内の生産者の立場にも負うている。生産者の立場は、表現関心、それに課される検閲の形・力、そうした束縛の限界内で表現関心を満足させる能力などを、すべて同時に、また多様な媒介を通して、統御しているのである。表現関心と領域の構造的検閲のあいだに成立する弁証法的関係は、業績 opus operatum の中で「形式」と「内容」を区別することを禁じ、「語られていること」と「その語り方」を区別することを禁じ、さらには「語られていること」と「その聞き方」を区別することさえ禁じる。あらゆる形式主義的分析は社会的条件から形式を引き離そうとするが、領域構造によって行なわれる検閲は、作品をまとまったかたちに制作するよう強制することによって、形式と内容を、両者不可分の状態で規定する。つまり内容は、規定に適った表現と切り離せないから、認知された規範とか了解済みの形式の外では、(本来の意味で)思考不可能なのである。また、この検閲は受け取り形式も規定する。哲学的言説は、独特な記号・統辞法・語彙・出典指示などの全体でそれと認知され、そうした全体をとおして自らを哲学と認知させる。(2) したがって、これらの全体を整え、正規のかたちで生産される哲学的言説という生産物は、形式に則って(つまり、自らに与えられた形式を尊重しながら)、あるいは(文学でよく見られるように)形式であるかぎりにおいて受け取られることを求めている。こうして正統な作品は、表現関心を否定する形式のもとでのみ、その表現関心を表現するから、その表現関心をとらえるためには〔読者の側の〕暴力が必要であるが、その暴力から自らを守るための暴力を振るえるのである。正式の作品は、作品をまとまったかたちに制作するという戦略をとおして、それ自身の知覚の規範を押しつけるが、この戦略の効力を知るには、芸術史、文学史、哲学史などを見ればよい。

作品は、或る個別領域に、その内容の点で結びついているばかりか、その形式の点でも結びついている。ハイデガーが実際とは違う形式（たとえば一八九〇年にドイツで実践されていたような哲学的言説の形式とか、今日エール大学とかハーバード大学で通用している政治科学論文の形式）で語ったとしたら、などと想像するのは、絶対ありえないハイデガー（たとえば一九三三年に「彷徨」したり亡命したりするハイデガー）を想像したり、ハイデガーが現われた時代のドイツでは絶対ありえない生産領域を想像することにほかならない。象徴的生産が、その生産の社会的条件を最も直接に分有するのは、まさに形式を通じてであるが、象徴的生産の最も特殊な社会的効果が発揮されるのも、形式を通じてである。象徴的な暴力は、あるがままの姿では見分けられない形式、つまり正統なものと認知されている形式のもとでのみ、その暴力を振るう者を通して振るわれ、その暴力を被る者を通して被られるのである。

仮象だけの断絶と哲学体系

知的言説は、スペシャリスト（哲学者、法律家など）の集団が日常の共通言語を象徴的に変容させることによって生産・再生産する特別な言語であるが、自律の外観の下に他律を隠している点で、科学的言語とは区別される。したがって知的言説は、実際には日常言語の助けなしに機能できないにもかかわらず、日常言語から独立しているという錯覚を与えなければならない。そうした錯覚を人びとに与えるために、知的言説は「仮象だけの断絶」とでもいうべき戦略を取って、領域ごとに異なり立場ごとに異なり時期ごとに異なるような、それぞれ独立しているかに見える方式を採用する。しかし知的言説は、たとえば要素を体系への帰属によって規定するという、あらゆる科学的言語の基礎的特性を模倣することもある。(3) ハイデガー独特と見える諸概念も、日常言語から借用され、作品制作の作業によって変容されたものである。この作業は、一貫して語形論的類縁関係を強調しながら、言語の可感的形式内に現われた諸関係の網の中に、それらの諸概念を挿入し、そのことによって、言説の各要素が能記かつ所記として残りの諸要素に依存することを示唆し、それら諸概念を日常的用法から切り離すのである。たとえば、**Fürsorge**（世話／気づかい）というようなごく普通の言葉が、ひとめで分かるような形式上の語形的類似によって、**Sorge**（気がかり）、**Sorgfalt**（細心）、**Sorglosigkeit**（不注意）、**sorgenvoll**（心配そうな）、**besorgt**（気をとられた）、**Lebenssorge**（生活の心配）、**Selbstsorge**（自分の心配）などの、同族語全体に結びつけられるわけである。

ガダマーは、すでに引用した書評のなかで、〈言葉の「本来の意味」が存在し、Fürsorge という言葉の場合、その「唯一正統な意味」は社会福祉 assistance sociale という意味である〉と私が考えている、とみなしている。このとき彼は、以下のような私の分析の核心そのものを見落としてしまった。第一に、単語、もっと広く言えば言説は、市場として機能する「領域」との実際的な関係の中でのみ、その完全な規定（とりわけその意味・価値）を受け取ること。第二に、同時に複数の領域・市場のために語れるという著者ハイデガーの能力によって、ハイデガーの言説は、多義的な性格、いやむしろ多音的な性格を備えていること。この決定的な二点を、ガダマーは見落とした。そして、このとんでもない誤りは、次の点に極まる。ガダマーは、自分の師ハイデガーの作品にはっきり表現されている文献学的哲学、言語・解釈に関する典型的な文献学的哲学を、何と私のものとみなすのである。「ロゴスに認められた意味のその後の歴史によって、また、とりわけその後の哲学による多様で抽象的な諸解釈によって、『話 discours〔Rede〕』という言葉の本来の意味は、たえず隠されてきた。しかし、その本来の意味は、実はきわめて明瞭なのである」（『存在と時間』*L'Etre et le temps*, Paris, Gallimard, 1964, p. 49〔辻村公一他訳『有と時』創文社、五〇―五一ページ〕）。傍点ブルデュー）。実際、或る言葉の本来の意味は何かなどと考えるのは、オースチンの比喩を使えば、「カメレオンの本当の色」（『知覚の言語』J. L. Austin, *Le langage de la perception*, Paris, A. Colin, 1971）は何かと考えるのと同様、あまりにも素朴すぎるであろう。さまざまな用法が存在し、さまざまな市場が存在しているが、それと同じだけのさまざまな意味が存在しているからである。さらにガダマーは、もうひとつ別の誤りも犯している。この場合もまた、彼の誤りの根は、分析している拙著の中に自分の哲学を投影し、特に、プラトンやアリストテレスに遡れるようなレトリックについての過度に単純化した定義を持ち込む点にある。その結果、ガダマーは、〈レトリックの意図は、真理の意図とは相容れない〉と言わざるをえなくなる。ここでもまた、カメレオンの色の問題が現われるわけだ。ガダマーは暗黙のうちに、学問的常識として、〈レトリックは、計算され人工的で反省されたものであるから、自然的・自発的・一次的・原初的な表現様式に対立する〉という考え方を受け入れている。これは、次の諸点を忘れることにほかならない。表現意図は、ひとつの市場との関係の中でのみ具体的なかたちで実現されること。それ故、市場の数と同じだけの複数のレトリックが存在すること。言語のさまざまな日常的用法〔言語哲学者たちのように、単数形で「日常言語 langue ordinaire」というような言い方をすると、その用法の異様なまでの多様性が消し去られてしまう）は、意識されることも計算されることもなしに、最高度に洗練されうる諸レトリックの場であること。したがってまた、最も洗練された知的レトリック、たとえばハイデガーのレトリックは、発揮される効果について、計算や統御を必ずしも前提していないこと。以上である。

箴言とか諺の中によく現われる言葉遊びには、語源学的ないし形態学的な類縁関係のせいで「よく似て見える」言葉どうしを使ったものがある。この言葉遊びは、〈二つの所記相互が必然的関係にありそうだ〉という感じを与える手段のうちのひとつであり、しかもそうした感じを最も確実に与えることのできる手段である。畳音法とか半諧音とかによる結合は、形態・音の類似という準物質的関係を新たに創り出すことによって、諸々の所記のあいだの隠れた関係を明るみに出すことができるし、さらには、たんなる形態の遊びによってそうした諸関係を存在させることさえできる。たとえば、後期ハイデガーの哲学的な言葉遊びがそれである。**Denken**（考える）＝**Danken**（感謝する）の場合、その魔力は、（信奉者たちはがっかりするだろうが、カッコ内のように）翻訳すると消えてしまう。また、「世話する気づかいとしての気がかり Sorge als besorgende Fürsorge」といった語呂合わせの連鎖が、ただの駄弁と非難されないのは、形態学的ほのめかしと語源学的説明との組合せによって、〈形態は包括的一貫性を持っており、したがって意味も包括的一貫性を持っている〉という錯覚が生まれ、その錯覚によって、次のような言説が必然性を持ったものと見えてくるからである。「だが決断とは、気がかりの中で気づかわれた本来性、そして気がかりとして可能な、気がかりそれ自体の本来性以外の何ものでもない Die Entschlossenheit aber ist nur die in der Sorge gesorgte und als Sorge möglich Eigentlichkeit dieser selbst」(4)（『存在と時間』前掲邦訳、四四八—四四九ページ）。

ハイデガーは、言語のあらゆる潜在的資源を利用して、〈全ての能記相互のあいだには必然的絆が存在するようだ〉という感じ、そして〈能記と所記のあいだの関係は、哲学的諸概念の体系によってのみ打ち立てられるようだ〉といった感じを、読者に与えようとしている。哲学的概念にもいろいろある。日常よく使われている単語が高尚な形態を取り「専門」用語となった場合（「発見 Entdeckung」とか「むき出しの存在 Entdeckheit」）もあるし、伝統的観念が、或る距離を示すためにいくらかズラして使われる場合（「現存在 Dasein」）もあるし、特定の区別をわざわざ新語で表現し、それらの区別がまるでこれまで思考されたことがないかのような印象を読者に与え、徹底的な乗り越えが行なわれていそうだといった感じを抱かせる場合（「実存的 existentiel」／「実存論的 existential」、「時間的 zeitlich」／「時称的 temporal」などの『存在と時間』で用いられる対立概念。ただし、これらの対立概念はこの著作で、いかなる実効的役割も果たしていない）もある。

暴露＝隠蔽

哲学作品をまとまったかたちに制作する作業は、〈この哲学には体系性がある〉という錯覚を読者に抱かせ、そしてその点で日常言語から断絶するので、〈この哲学体系は自律性を持つ〉という錯覚をも、読者に抱かせることになる。Fürsorge（気づかい）という言葉は、形態学的に相互に類似すると同時に語源学的に類縁性を持った諸単語の網の中に組み入れられ、その網を通して、さらにハイデガーの語彙の緯糸の中に組み込まれることによって、その日常的な意味から引き離される。つまり、社会福祉 Sozialfürsorge という表現にはっきり現われる意味から、引き離されるのである。そしてこの言葉は、変形され変容して、普通の自己同一性を失い、ねじ曲げられた意味（フランス語にすれば、ほぼ procuration の語源的な意味。つまり「代わりに世話すること」という意味）を新たに身にまとう。手品師は、見られてもいいものに人びとの注意を引きつけて、隠したいものから人びとの注意をそらす。まるでこうした手品師のような手口で歪曲が行なわれ、その結果、「（社会）福祉」（カール・シュミットやエルンスト・ユンガーが、ハイデガーのような婉曲表現を使わず告発した「福祉国家」の象徴）は、社会的幻想として、正統な言説のうちに住みかを与えられる、あるいは、正統な言説に幽霊みたいにとりつくことになる（「気がかり Sorge」と「気づかい Fürsorge」は時間性理論の核心に存在する）。ただし、「福祉」は幻想であるから、はっきり現われることも存在することもないような形態で、正統な言説のうちに居場所を与えられるのである。

婉曲化の通常の作業なら、ひとつの言葉の代わりに別の言葉（しばしば逆の意味を持つそれ）を置いたり、はっきりわかるように（たとえば引用符などで）くくるとか弁別的に定義するとかして中和化したりするところで、ハイデガーは、形態学的に連結した単語の網を設けるというやり方を取る。この網の内部で、通常の単語は、同一でありながら変容され、新たなアイデンティティーを受け取り、そのようにして、哲学的で対位法的な読解を読者に要求するようになる。通常の意味を想起させると同時に無効にするには、このような読解を読者に求めるのがいちばんである。つまり、いわゆる「人間学的」で通俗的な了解の秩序のうちには、通常の意味にともなうさまざまな暗示的意味が存在するが、そうした暗示的意味といっしょに通常の意味を抑圧しつつ暗示するには、読者にそうした読解を行なわせるのが、いちばんいいのである。(5)

哲学的想像力は、神話的ないし詩的思考と同様に、本質的な意味関係に現象的な音声関係がぴたっと重なるケースを重要視するとともに、たとえば「対置」というような、分類の形式にもなる言語学的形態をひんぱんに利用する。たとえば『真理の本質について』〔細川亮一他訳、創文社〕では、「本質 Wesen」／「非本質 Un-wesen」〔むしろ真理／非真理――訳者〕という対置が、その背後に隠れた「秩序」／「無秩序」(「秩序」とは不在でありながら影のように in effigie 現前している亡霊のような言葉であり「無秩序」とは「非本質」の可能な意味のひとつ) という対置を、暗示しつつ同時に拒否している。「転回」以後のハイデガーの全作品には、いくつかの「基本的」対置の無数の例が挙げられている。これらの「基本的」対置は、それ自体相互におおざっぱに還元可能とされているとともに、それぞれひとつひとつがまた、婉曲の程度がいろいろなヴァリアントを持っている。それらのヴァリアントは、互いに並行関係にあり、昇華され見分けにくくなればなるほど普遍的に適用されるようになっていき、最終的にはタブーの刻印を押された原初的な対置（存在的なものと存在論的なものの対置）へと至るが、すべてのヴァリアントは、この原初的な対置の存在を証言していることになる。これらのヴァリアントによって、この原初的な対置は、象徴的に否定されながら存在の中に刻み込まれることによって、絶対者の位置に着くのである。

或る単語が哲学的言語システムの中に挿入されると、その単語の最初の意味は否認される。ただし、この意味は、いったんそのタブーとされた単語が通常の言語システムに照らされれば、再び現われることになるから、公的には公開システムの外に投げ捨てられているが、隠れた存在を維持し続けている。否認の根本には、投げ捨てると同時に維持するという二重の操作があるわけだが、この二重の操作が正統化されるのは、哲学的言説の各要素が、哲学的個人言語の公開システムとともに日常言語の非公開システムに帰属しているので、言いかえれば二つの社会空間と不可分の二つの心的空間に照合されるので、二重の情報性を持っているからである。一定の領域で言表可能なものの秩序に適うように表現関心を変容させ、その表現関心を「言表不能なもの」や「言語道断なもの」から引き離すには、たんに或る語を別の語に置き換えること、検閲で禁じられる語を認められる語に置き換えればすむわけではない。そうした語の置き換えという婉曲化の基本的形態の背後には、もうひとつ別の形態が隠れている。ソシュールに従って、要素・実体に対する関係・形態の優位という言語の本質的固有性を利用するやり方である。関係の網は要素の

「実体」を変えずにその「価値」を変えるから、抑圧すべき要素を関係の網の中に挿入することによってその要素を隠蔽するのである。こうして、はっきりした体系化の意図を持って専門家が生み出す専門言語によってのみ、哲学作品の制作作業による隠蔽効果は十全に発揮される。形態ないし形式によるすべてのカムフラージュの場合と同様、その場合も、タブーとされた意味は、理論的には再認可能だが実践的には見分けられないままであり、実体としては現存しているのだが、葉むらの中に見えなくなった顔のように、形態としては不在であり、形態を失なっている。ここでは表現は、社会的世界についての原初的経験とその世界の根源に存する社会的幻想とを、暴露するとともに隠蔽するために存在している。つまり、「そうした経験や幻想を語っていない」という語り方で語りながら、そうした経験・幻想がおのずと語られるようにと存在しているのである。表現は、それらのものを見分けられなくする形態でしか、それらを言表できない。なぜなら表現は、そうした経験・幻想を「言表しつつあるもの」としては自らを認めることができないからである。言うなら、経験・幻想という原初的実体は、特殊領域の規範が明文化されているいないにかかわらず、その規範に従属し、言わば形態の中に溶解している。この作品制作作業は、形式・形態の変容であると同時に実体の変化である。つまり、形態のなかへ実体は実現されたのだから、意味される実体は意味する形態であるということになるのである。

エリートと大衆

哲学作品の制作作業によって、「否認とは、否認が否認するもののこと、つまり否認の根源に存する社会的幻想のことである」とみなすことは、正しいことになると同時に不当なことになる。ヘーゲルの言葉を使ってフロイトが言ったように、「否認」という「抑圧の止揚」は、抑圧と抑圧されるものとを否定するとともに保存するから、語ることの利益と、語られることを語るという仕方で否認することの利益とを、同時に我がものにさせてくれる。こうして、たとえば「現存在の基本様態」である「本来性」／「非本来性」という対置は、ハイデガーが言うように「最も厳密な意味で内的な」読解の観点からすると、作品の全体が組織化される中心となるが、「エリート」／「大衆」という普通の対置の、特殊で特に巧妙な翻訳になっている。「ひと das Man」つまり「一般人」は、専制的で（「ひと」の専制）、詮索し（「ひと」はあらゆることに口出しする）、平準化し、責任をかわし、自らの自由を放棄する。「ひと」とは、援助を受けながら他人まかせで無責任に生きる者であって、社会や「福祉国家」に身を委ねている。「福祉国家」が、特に「社会福祉」を通じて、本人の世話をし本人の代わりに本人の将来を心配する。何度となく注釈をほどこされたこの一節[6]〔『存在と時間』前掲邦訳、一九三―二〇〇ページ〕全体にわたって、大学人の貴族主義は、スコレー（余暇・学校）のアンチテーゼとしてのアゴラの上の、さまざまなトポス（場所）で養われているが、この貴族主義の常套句的特徴を挙げてみよう。（ここでは「現存在」と呼ばれる）「人格」と、「独創性」「秘密」といったその貴重な属性を脅かすあらゆる「平準化」の操作の象徴である統計学に対する恐怖。「平準化する」あらゆる力への嫌悪、おそらくは特に「努力の代価に獲得されたもの」――つまり、文化作品の落し子である知識人層の特殊資本としての文化――を脅かし、「大衆」の「軽薄さ」「安易さ」をそそのかす平等主義的イデオロギーへの嫌悪。たとえば、この場合は「世論」とか「公」を背景にルールを通じて現われる意見（哲学者の先祖伝来の仇敵である「臆見」のこと）のメカニズムのような、社会的メカニズムに対する反抗。そして「社会福祉」に象徴されるすべてのもの――つまり民主制、政党、有給休暇（スコレーと森での省察の独占に対する攻撃）、「大衆文化」、テレビ、文庫版プラトン――に対する反抗。[7] ハイデガーは後年、一九三五年に書く『形而上学入門』では、西欧文明における科学技術の精神の勝利が「神々の逃亡、大地の破壊、人間の大衆化、凡庸さの優位」の中でどのようにして達成されているかを示そうとしながら、誰にもまねできない司牧のスタイルで、こうしたことのすべてをもっと見事に語っている。[8]

　言語の可感的形態の遊びは、孤立した単語ではなく対になった用語に向かうとき、つまり敵対する用語相互の関係に向かうとき、究極に達する。半諧音や頭韻法に基づくたんなる哲学的語呂合せとは異なり、深いところで思考を方向づけ組織する「基本的な」語についての遊びは、可感的な形式になると同時に分類の形式にもなっているような言語形式をひんぱんに用いる。音と意味から独立したさまざまな必然性を、二重の意味で必然的な表現の奇跡の中で和解させるこれらの全体的な形式は、はじめに政治的な形を与えられ――つまり客観的に政治的な対置原理に従って形を与えられ——日常言語の中に刻みこまれ保存されていた言語学的素材に、哲学的な形が与え直され変容されるときの形式である。検閲で禁じられ抑圧されているのは、孤立した状態でとらえられるタブーの用語ではなく、単語相互の対立関係である。この対立関係が、社会的立場ないし社会的集団相互の対立関係へとつねに差し向けるからこそ、あらゆる学問的言語は対形式の思考を異常なまでに好むのである。

日常言語という貯蔵庫に貯えられているのは、詩的ないし哲学的な戯れに与えられた可感的形式、あるいは晩年のハイデガーとその継承者たちの場合のようにニーチェが概念詩と呼んだものの自由な結びつきに与えられた可感的形式ばかりではない。そこには、社会的世界の統覚形式(つまり一集団全体に共通な社会的世界観の諸原理)が沈澱する常套句(ゲルマン的/ロマンス的ないしラテン的、平凡/非凡など)も貯えられている。社会的世界の構造は、日常言語が伝える分類形式が問題になるかぎりで、その構造から決して独立することのない分類形式を通してのみ、名付けられ把握される(そうした分類形式についてのあらゆる形式主義的分析は、この点を忘れている)。実際、(通俗/上流といった)社会的に最も「目立つ」対立が、使い方と使う者によってきわめて異なる意味を持ちうるにしても、階級間の力関係に支配された思考が積み上げる仕事の産物である日常言語は、そして当然のことながら、支配する側の利害関心と価値にとりつかれた領域の産物である学術的言語は、支配する側の価値および利害関心にあった用法に「全く自然に」適う、いわば原初的イデオロギーである。(9) 日常の思考の二分法や対立図式の比喩的な用法を利用して、政治は存在論へと姿を変える。しかし、形而上学を生み出すこの比喩は、目に見える事物から見に見えない事物へと至るのではなく、潜在的でおそらく無意識の言説内容から公的な言説内容へと至るのである。それは、ひとつの空間から別の空間へと移りつつ、両空間を結びつける機能を果たす。存在論的差異のテーゼが導入する偽の断絶は、この両空間を公的に分離し、はじめの対立を保存しつつ、見えないところでその対立によって言説を支え続けていた。

哲学的に卓越した精神どうしのあいだで、卓越と通俗の対立は、通俗的な仕方では言い表わされない。ハイデガーは哲学的な卓越についてきわめて鋭い感覚を持っているので、たとえ政治的な文章であっても彼の作品のなかに、「素朴に」政治的な主張を見いだすことはできない。そしてそこから、〈ナチスのイデオロギーの最も目立つ形式とは一線を画そう〉という彼の意図を検出することも、できないはずである。[10] 二重の意味で「原初的」と呼べる対立に作品の中で出会うとき、私たちは必ず、婉曲語法として機能する哲学素の高度に検閲された秩序のうちにいる。この婉曲語法は、体系の不動の進展に応じてたえず変化し、新たな形式を身にまとっていくが、その形式はつねに高度に昇華されているのである。

社会からの距離

哲学作品をまとまったかたちに制作する作業とは、それ自体、保護する作業である。思想家の還元不可能な独自性を階級の画一性に還元するようなイデオロギー的概念が問題になるとき、作品制作は、高みに立って、自分はあらゆる規定を逃れたところにいると主張する。それは、あらゆる決定論、特に社会的決定論から距離をとろうとする。社会的決定論は、ひとりの思想家のかけがえのない独自性を一階級の凡庸さに還元するからである。この距離、この差異が、存在論的と存在的（あるいは人間学的）の対置をとおし哲学的言説の核心にはっきり設定され、すでに婉曲に表現されている言説に、難攻不落の二次的防御を与えるのである。つまり、いったんこの距離が設定されると、各語には拭い去れない切断の痕跡が残る。この切断は、ふつうの通俗的意味から本来的に存在論的な意味を分離し、ときには、それ以後ひっきりなしに模倣される音声学的遊びのひとつ（たとえば実存的／実存論的）をとおして、意味する実体の中にしっかり刻み込まれるからである。

二重にされた単語を用いた二重の遊びは、当然の帰結として、「通俗的」な読解、「通俗的に」「人間学的」な読解を遠ざけなければならない。そうした読解によって、哲学的昇華が「知らない」とは言わないが自分のものとは認めていない意味、不在の現前という幽霊のような存在へと運命づけた意味が、再び白日の下に引き出されるおそれがあるからである。「いま『気にかける〔こと〕préoccupation〔Besorgen〕』を基本的な在り方として上げたが、この言葉を聞くと、ひとはまず、たとえば『何かを実行する』『片づける』『取引の決済をする』といった、前学問的意味を考えようとする。また、『何かを手に入れる機会を待っている』ということを言い表わすときにも、『気にかかることがある』と言われる。最後に、この同じ表現は、『私はこの企画が失敗しないか気にかかる』という特徴的な言い回しのうちにも見いだされる。前学問的で存在的なこうした意味に対し、本書ではこの言葉を、可能な世界内存在の存在を特徴づける存在論的（実存論的）な用語として用いる。この在り方が選ばれたのは、現存在が先ず第一にかつ広範に経済的・実践的実在性を持つからではなく、現存在それ自体の存在が『気がかり souci』（Sorge）であることを明らかにしたいからである。この『気がかり』という用語のほうも、存在論的構造を指し示す概念として理解される。この語は、いかなる現存在にも存在的に発見されうる『困難』『憂鬱』『生活の気がかり』を、全然ほのめかしていない」⑾〔『存在と時間』前掲邦訳、八九ページ〕。

ハイデガーが予めはねつけ隠そうとした含意は、日常的なものであるから、翻訳語 souci を通じてフランス人読者もちゃんと知っている。しかし、もしフランス人読者がそうした含意を知る機会がほとんどない、というような受け入れ条件のもとに置かれていたら、（翻訳が存在的と存在論的の切断を楯にとって、一貫してそうした含意を「削除」しているだけに、なおさら）こうしたハイデガーの防御戦略に、フランス人読者は「何か変だ」という疑惑を抱いていたことだろう。この作品は、これほど一貫した婉曲語法の戦略の産物であるから、それを分析する試みはたいへんな障害物に出会うが、この場合は、さらに文化的生産物の輸出にともなうきわめて危険な効果が加わって、社会的ないし政治的にどこに帰属しているかを表わす微妙な記号のすべて、言説の社会的重要性およびその著者の知的立場を表わす目印のすべて、要するに言説の無限小部分のすべてが、消滅するのである。この消滅の第一の犠牲者は、明らかに現地人たるドイツ人であるが、現地人は、客観化の技術を使いこなせば、他の国の者よりよく理解できる。たとえばあらゆる「行政上の」含意をとらえることができる。実際、アドルノ（『本来性というジャーゴン――ドイツ・イデオロギーのために』*Jargon der Eigentlichkeit, Zur deutschen Ideologie*, Francfurt, Suhrkamp, 1964, pp. 66-70）は、「遭遇 Begegnung」とか「対峙」といった「実存的」用語の下に、あるいは、すでにリルケの詩の中で遠回しの用法の対象であった「使命 Auftrag」とか「関心事 Anliegen」（行政上の要求の対象を表わすと同時に心を占める欲望を表すきわめて両義的な言葉）といった言葉の下に、そうした含意を発見している。

聖／俗の切断の押しつけは、専門家の団体が自らの他者を俗として構成することによって、知と聖なる実践を確実に独占しようとする際の、そうした専門家団体の野心の原型的なかたちである。つまり、この押しつけは、いたるところに現われ、各語に〈その語が意味するかに思えることをその語は意味しない〉ということを意味させ、語彙全体への単純な形態学的・音声学的結びつけによるのでない場合は、引用符ないし意味する実体そのものの変質によって、「通俗的」ないし「素朴な」意味から「本来的」意味を分離する距離を、その語のうちに刻みこむことによって、言わば各語を二つに分裂させ、その語自体に対立させるのである。(12) はじめの意味は、公的システムを構成する諸関係の隠れた支えとして機能し続けているが、その第一の意味の信用を失墜させることにより、言うなら第二段階において、二重のゲームを行なう可能性が手に入る。実際、激しく呪詛されたにもかかわらず、これらの否認された意味は、なお哲学的機能を果たしている。それらは、少なくとも否定的な指示対象の役割を果たしているからである。「存在的」なものから「存在論的」なものを分ける距離、つまり通俗的意味を想起するという犯罪を犯した責任を負う無教養で堕落した素人から玄人を分ける哲学的で社会的な距離は、この否定的な指示対象との関係で現われる。すべての人が使っている言葉を別の仕方で使い、日常の使い方が取り逃がしている微妙な真理 ἔτυμον をもう一度活性化させることとは、言葉との正しい関係を、文献学－哲学的錬金術の成否の原理にすることである。「心と魂に通じていない錬金術師は実験に失敗する。それは、たんに彼が粗野な要素を使うからばかりでなく、とりわけ彼が粗野な要素の日常的特性で思考し、理想的な要素の徳性で思考しないからである。したがって、いったん完全で絶対的な二重化が行なわれてはじめて、私たちは理想の十全な実験（＝経験）を行なうことができるのである[13]」。言語も微妙な要素を持っており、そうした要素は、文献学－哲学的繊細さによって表現される。たとえば、実詞かつ動詞形態であるギリシャ語の ὄν という単語の文法的二元性が、そうした要素であって、この単語はハイデガーにこう言わせている。「このように提示されると、まずは文法的微妙さと見えるものは、実は存在の謎である[14]」。

倫理的主意主義

ハイデガーは、こうして哲学的否認が効果を発揮する中でいったん安心すると、検閲で禁じられた意味をもう一度呼び出し、公的システムと隠されたシステムの関係の完全な逆転から、そうした抑圧されたものの回帰が呼び起こす補足的効果を引き出すに至る。「本質的思考」の力を最も見事に証明するのは、「社会保障」という滑稽なほど偶然的な実在、カッコつきでしか「実在」と呼べないような実在、思考に値しない実在、そうした実在の存在の真っ只中で基礎づけ作業を行なえるという本質的思考の能力である。[15] 出来事が「本質」の例証でしかなくなるようなこうした「逆立ちした世界」[16] においては「福祉」という基礎は、それが基礎づけるものによって基礎づけられるようになる。「福祉は、実際にはたとえば『社会福祉』について言われるように、他人とともに在ることとしての現存在の存在論的構成に自らの基礎を置いている。『社会福祉』の経験的緊急性は、現存在がまずたいていは福祉の不十分な様態のうちにとどまっているという事実によって、動機づけられている」[17]〔『存在と時間』前掲邦訳、一八七ページ〕。「福祉」へのこうした準拠が目立つとともに見えず、いや、目立つが故に見えないせいで、公的には現存在の存在論的特性を分析したことになっている作品全体の中で、ハイデガーが社会福祉について語るのを決して止めなかったということが覆い隠されてしまった。福祉を求める「経験的欲求」(つまり通常の通俗的で平均的な欲求)は、現存在の出来事的＝偶然的な現われにすぎないのだ。「おまえは実際にはクラコーに行くのに、おまえがレムベルクに行くと私が思うようにと、おまえは『クラコーに行く』と私に言うというやり方で、なぜ私に嘘をつくのか」。ラカンは、この話をとおして盗まれた手紙のパラダイムを説明しているが、[18] 婉曲化された言説には、このパラダイムが完全なかたちで現われている。婉曲化された言説は、本当に語っていること〔＝クラコーに行くこと〕をわざと声高に叫ぶことによって、「これは本当のことを言ってないな」と思い込ませるのである。実際、明らかに社会福祉とは、福祉を受ける者のために、福祉を受ける者の代わりに「心を配る」ことであり、それらの者が自分のことを心配しなくていいようにしてやって、彼らが無頓着・安易・軽薄になるのを許すこと、とみなされている。全く同様に、社会福祉の至高のヴァリアントである哲学的福祉は、現存在から気づかいを取り除いてやり、一九四三年のあのサルトルが語っていた（語りえた）ように、対自から自由を取り除いてやり、対自を「自己欺瞞」とか「非本来的」実存の「くそまじめな精神」とかへと運命づけるのである。『ひと』（つまり他者の福祉に頼って自己放棄した者）とは、それ故、日常的実存において、現存在の肩から重荷をおろして身軽になった者である。それればかりではない。そのように現存在からその存在を取り除くことによって、『ひと』はさらに、軽薄・安易へと突き動かす傾向におぼれ満足してしまう。この満足が、『ひと』に、或る帝国を執拗に保存させ、さらには拡大させるのである」[19]（同書、一九六ページ）。

いっさいは、テキストに暴力を振るうあらゆる試みを、「慎みのない無知」として禁じるために行なわれる。ハイデガー自身は、自分でカントに暴力を振るうとき、暴力の正当性を認めている。暴力によってのみ、「言葉の彼方にその言葉が語ろうとしていることをとらえる」ことが可能になる。翻訳不可能な個人言語から着想をえた言い換えを拒否するような原典として思想を提示する試みは、保管所の番人の眼からすれば、予め有罪である。[20]「語ることを決して素朴には語らない言葉が語ろうとしていること」――また結局同じことだが、「素朴でない仕方でのみ常に語っていること」――を語る唯一の仕方は、還元不可能なものを還元し、翻訳不可能なものを翻訳することによって、言葉が素朴な形式――まさに基本的な否定機能として言葉に備わる形式――において語ろうとすることを語る、という仕方である。「本来性」は、社会的「エリート」の排他的特性を素朴に直接示すわけではない。それは、遠まわしに、或る普遍的可能性を――「非本来性」として――示す。ただしこの可能性は実際には、本来性をあるがままに理解し、「非本来性」から身を引き離すことができるようになって、本来性を我がものとする人びとだけのものである。「非本来性」は一種の原罪であり、このようにして或る者たちの回心を通して、有責の過失へと転換されるのである。これはユンガーが明快に語るところである。「自分自身の運命を持つか、自分が番号として扱われるがままになっているか――これが現在私たちひとりひとりが解決しなければならないジレンマであり、決着をつけうる唯一のジレンマである（……）。私たちは自由な人間について、神の手から逃れたものとして語ろうとする。自由な人間は例外ではなく、エリートを表してもいない。それどころではない。自由な人間はあらゆる人間のうちに隠れており、各個人が贈与として受け取ったこの自由を実現するすべをこころえているかぎりにおいてのみ、差異が存在するのである」[21]。人間は自由において平等であるが、自分の自由を本来的に用いる能力において不平等であって、「エリート」だけが「エリート」の自由に接近するという普遍的に与えられた可能性を我がものにしうる。この倫理的主意主義――サルトルがそれを究極まで押し進めることになる――は、社会的運命の客観的二元性〔エリート／大衆〕を、実存への関係の二元性〔本来性／非本来性〕へと転換する。本来的実存とは、日常的実存を理解するはじめの仕方が

「実存的変容」をとげたもの、端的に言えば思考の革命なのである。[22] 逆に、道具状態への人間の還元を、もうひとつの「日常的実存理解の仕方」、「ひと」の日常的実存理解の仕方として記述しなければならない。「ひと」は、自分を道具とみなし自分が道具であるかぎりで道具を「気にかけ」道具になり、ひとつの道具が他の道具に適合するように他者に自らを適合させ、他者が果たしている機能を自分も果たし、そうしてひとつの集団のうちの相互に置き換え可能な要素の状態に還元され、道具が自らの機能の遂行の中で消えていくように自分自身を忘れていく。非本来性の理解から、つまり現存在が不安の中で世界の中に自らの決断で秩序を投企する者として——知られざるものの中への一種の（キルケゴール的）「跳躍」として——自分を発見する契機から、本来性が始まるようにすること、[23] それは社会的条件の客観的二元性を実存様式の二元性——社会的条件がこの実存様式の二元性をきわめて不平等な仕方で助長していることは明らかである——に還元することであり、同時に、「本来的な」実存への通路を手にする者を、「非本来的な」実存に「身を委ねている」者と同様、自分の存在に責任ありとみなすことである。ただし前者は、自分たちに可能性を開くために通常の実存から自分たちを引き離す「決断」によって責任が生じ、[24] 後者は、彼らを「堕落」と「社会福祉」へと定める「責任放棄」のせいで責任がある、というわけである。

第5章　内的な読解と形式の尊重

形式的言説は形式的読解を求める

文体の「高尚さ」は、哲学的言説の付随的特性ではない。言説は、文体の高尚さを通してのみ、権威づけられたものとして現われる。或る言説が（著者や時代から支配的な論理ないし倫理について）理論上の一種の主導権を特別に委任された或る団体の権威から、認められているとみなされるのは、文体が権威の求めに適っているからである。文体は、日常言語と同様、学術的言説においても階層化されており、また、階層化を行なう。思想家には、特に一流の思想家には、高尚な言語がふさわしい。だから、一九三三年の学長就任演説という言説の「文体なしのパトス」は、哲学的威厳（つまり哲学者としての自分の威厳）についての感覚をもっている全ての人びとの眼に、まったくふさわしからざるものと映る。同じ連中が、『存在と時間』のパトス、哲学的文体を与えられたパトスを哲学的事件として称賛するのである。[1]

文体の「高尚さ」を通してこそ、言説のレベルの高さが察知され、そのレベルに尊敬の念が抱かれるようになる。『存在と時間』では、「住居の真の危機は、死すべき者たちが常に住居の存在を探すというところまでいっている点にあり、しかも彼らがまず住むということを学ばねばならない、という点にある」[2]というような文章は扱われない。それは、「居住の危機は深刻になっている」という普通の言語による話が扱われず、「ベルリンのビジネス街の地価は、一平米が一八六五年に一一五マルクだったのが、一八八〇年には三四四マルク、一八九五年には九九〇マルクへと上昇した」[3]というような科学的命題さえ扱われないのと同じである。整った言説であるかぎりの哲学的言説は、哲学固有の知覚の規範を押しつけてくる。門外漢を遠ざける哲学的体裁は、テキストを――ハイデガーが言うように――「通俗化」から守り、内的な読解へと委ねる。この読解は、二重の意味で内的である。つまりテキストそれ自体の限界内に閉じこめられるという意味で内的であるとともに、読解の「内在主義的」定義を自明なものとして受け入れている読解の専門家の閉鎖的集団内で行なわれるという意味でも内的である。哲学のテキストは、(実際上)「哲学者」によってのみ読まれうるもの、と定義される。このことを理解するには、ふつう社会的に用いられている「哲学者」という言葉の意味内容を検討すれば十分である。「哲学者」とは、予め回心し、哲学的言説を――二重の意味で――見分け、その言説自体が求めるようにその言説を読む構えがすでにできている者のことである。つまり、言説それ自体以外のものへの照合を一切排除しながら、純粋で純哲学的な意図に従って「哲学的に」読む者のことである。哲学的言説は、それ自体で自らの基礎になっており、外部を持たないのである。

　言説の価値のうちに信念の基礎を置く集団的否認によって制度化されるサークルが成立するには、この言説の生産・流通の領域構造は、この言説の行なう否認がその言説の否認する内容を否認し直す解釈者たちに出会うような具合になっていなければならない。この言説が自ら語ることを語るのは或るひとつの形式のもとにおいてのみであり、その形式は〈この言説は卒直には語らない〉と相手に思わせるものであるからである。つまり、形式の否定するものが「否認し直される」とは、「そのものが否定されることによって実現される形式のなかでのみ認識され認識し直される」ということである。要するに形式的言説は形式的（ないし形式主義的）読解を求め、この読解は、最初の否認が否定するものの覆いを取るために最初の否認を否定する代わりに、最初の否認を再認し再生産する。再－否認を求める否認であるかぎりのあらゆるイデオロギー的言説が隠している象徴的暴力は、その言説が自分で求める仕方で、つまり形式としてさまざまな形式の中で当然受けるべき尊重をもって、相手から扱われるようになるかぎりにおいてのみ働く。イデオロギー的生産は、ひとにその生産をその客観的真理に還元しようとする誤りを犯させる力を持てば持つほど、見事に行なわれる。言説の隠れた真理の表明はスキャンダルになる。その表明は「絶対に言ってはならないこと」を言うからである。

ハイデガーは自らの作品についてのあらゆる外的・還元的読解をたいへんな執拗さで忌避し論駁する（ジャン・ヴァール宛、ジャン・ボーフレ宛、一学生宛、リチャードスン宛各書簡、日本の哲学者との対談など）が、驚くべきことに、彼のライバル（特にサルトル）に対抗するときは躊躇することなく、「おおざっぱな社会学主義」の議論を用いている。たとえば、自分の都合のいいように、「宣伝（＝公開性）の独裁」というテーマにまさしく（社会学的とは言わないまでも）社会的意味をあらためて与え直した（『ヒューマニズム書簡』*Lettre sur l'humanisme*, Paris Aubier, 1964, pp. 35, 39〔辻村公一他訳『道標』所収、創文社、四〇〇、四〇二ページ）。彼は確かにすでに『存在と時間』の一節でこの意味を与えていたのだが、そのときの「ひと」の「実存的分析」は「たんについでに社会学に貢献しようというものでは全然ありません」（*op. cit.*, **p. 41**〔邦訳、四〇三ページ〕）と『ヒューマニズム書簡』で断わっている。このように、後期ハイデガーは前期ハイデガーを使用し直しているが、このことは（右の引用箇所の「たんに」という言葉ともあわせ）、後期ハイデガーが前期ハイデガーについて何も否認していない証拠になるのである。

哲学者の自己解釈

どれほど洗練された象徴的戦略といえども、それ自身の成功の条件を完全に生産することはできず、正統の擁護者団体全体の強力な共犯をあてにできなければ、失敗せざるをえないはずである。この団体が、還元的読解に対して哲学者が下した最初の有罪宣告を、組織し増幅させていくのである。[4] たとえば『ヒューマニズム書簡』は、露呈したシステムと潜伏したシステムとの関係を操作し、それをとおして作品の公的イメージを戦略的に操作するためのあらゆる介入のうちで、最も目立ち最も頻繁に引用されるものであるが、これは、一種の司牧書簡、つまり注釈の母型として機能した。この母型のおかげで、大文字の存在のたんなる助任司祭としての解釈者は、自らの責任で距離を再生産し、その距離が堂々とした保護体制の中に刻み込まれて、素人とのあいだに境界線をはさんで、玄人の側にゆったりと身を置くことができるようになる。流布が進むにしたがい、より広範なサークルを通して、自己解釈、示唆された注釈、学術論文、入門書、最後に教科書といったぐあいに解釈者の階層が下がっていき、言い換えのレベルが低くなっていく。それに応じて、秘教性を失った言説はその真理へ戻ろうとする。ちょうど流出論哲学のように、伝播には（実体の喪失とは言わないまでも）価値の喪失がともない、「通俗化」され「大衆化」された言説は、その堕落の印を身にまといつつ、独創的ないし原典的な言説の価値をより一層引立てるのに一役かうことになるのである。

ハイデガーが、「哲学は本質的に反時代的である。なぜなら哲学は、それ自身の現在のうちでは無媒介的な反響に決して出会えず出会う権利も持たない、という運命にある稀なもののうちのひとつだからだ」[5]〔『形而上学入門』前掲邦訳、一七ページ〕とか、「本来的な哲学者が彼らの同時代人に誤解されるということは、そうした哲学者の本質に属している」[6]〔『ニーチェ』〕と主張すると、あらゆる注釈者たちがすぐさまそれを繰り返す。「哲学的思考に備わる閉鎖性と厳密性が一定の限度を越えると、その思考が試練にかけている同時代人から理解されなくなるのは、あらゆる哲学的思考の運命である。真理の問題が唯一の絶えざる関心事であった哲学者を、『悲壮の使徒』『ニヒリズムの主唱者』『論理や科学への敵対者』などと分類することは、最も奇異な歪曲のひとつであることはまちがいなく、そうした歪曲の責任は時代の軽薄さにあったはずである」[7]〔ボーフレ〕。「彼の思考は、私たちの時代にとって、また、そこで時代性を持っていた全てのものにとって、奇異なものとして現われた」[8]〔ペゲラー〕。

大解釈者でもある哲学者の作品と、その作品が求める解釈ないし解釈の解釈のあいだに、あるいは不都合ないし悪意のある解釈を訂正・警告し、意に適った解釈を正統化するための、哲学者自身による複数の自己解釈相互のあいだに打ち立てられる関係は、体質を別にすれば、デュシャン以来、芸術家と解釈者集団のあいだに打ち立てられる関係と、そっくりである。いずれの場合も、生産活動は予め解釈を自分のうちに含み込んでおり、解釈の解釈を自らのもとに引き寄せるが、そのとき解釈者に対し一種の二枚舌を使って、作品の本質的無尽蔵性を楯にとり、いったん引き寄せた解釈の解釈をはねつけ失格させる可能性を確保しているのである。作品は、創作者の権力の超越性の効果によって、あらゆる解釈に対して無関心になり、あるときは受け入れ別のときははねつける、ということになりがちである。創作者の権力は、批評の権力、自己批評の権力としても現われる[9]。おそらくハイデガーの哲学は、最初にして最高の哲学的レディーメイド、既製品である。それは、解釈されるためにあらかじめの自己解釈によって作られた作品であって、厳密に言えば、生産者と解釈者の相互作用によって作られた作品である[10]。解釈者は必然的に行き過ぎてしまうから、生産者は否認・修正・訂正などによって作品と全解釈者のあいだに乗り越えられない距離を維持するわけである。

この類比は、一見こじつけと見えるかもしれないが、実際はそうでもない。〈「存在論的差異」の意味とは、ハイデガーの思想を彼以前のあらゆる思想から分離するもの[11]、本来的な解釈を低存在論的で素朴に「人間学的」な「通俗的」解釈（ハイデガーによれば、たとえばサルトルの解釈）

から分離するものである〉と設定することによって、ハイデガーは、自分の作品を埒外に置き、意図的であるか否かにかかわらず、その通俗的な意味の下にとどまろうとするあらゆる読解に前もって有罪宣告しておく。そうした通俗的読解は、たとえば「非本来的な」実存についてのハイデガーの分析を、悪意はないが勘違いした或る解釈者たちが行なったように、また、全く別の意図をもって社会学者も行なっているように、「社会学的」記述に還元しかねないからだ。作品それ自体の中に、その作品の二つの読解のあいだの区別を立てるということは、意に適った読者を納得させて、そうした読者に、自分で十分理解しているのに自分の理解の本来性に疑問を抱かせ、「この作品はこれで決定的に自分自身の理解の範囲に入った」と判断することを自らに禁じさせて、解釈者としての自分自身に対してすら尊大な姿勢でその作品を守らせる、というようなことができるようになる、ということである。

作品と解釈者の相対的立場

ついでにここで、解釈のエスカレートとでも言うべきものの顕著な例を上げておこう。解釈者たちは、ハイデガーの尊大な言葉遊びが前もって告発する「単純化」を逃れようと、言わば解釈者インターナショナルによってかき集められたあらゆる資金を総動員するまでに至る。「英語では、この語［彷徨 errance］は人造語であるが、この語を用いた理由は以下のとおりである。ラテン語 errare の第一の意味は、『さまようこと』、第二の意味は、『正しい道を踏み外すこと』という意味で『迷うこと』『誤ること』である。この二重の意味は、フランス語 errer のうちに保持されている。英語では二つの意味は errant という形容詞形のなかで保持されている。第一の意味（『さまようこと』）では、冒険を求めてさまよう人（たとえば『さまよう騎士たち knights errant』というふうに使われ、第二の意味では『ほんとうのことないし正しいことから外れる』つまり『踏み外す erring』を表わす。名詞『errance』は、通常の英語の用法では認められていないが、私たちは（フランスの翻訳者たちの例に従って、pp. 96ff.）『さまようこと』と『踏み外す』の両方（前者が後者の基礎）のニュアンスを示すために、この名詞を導入することとした。こうすれば、著者ハイデガーの意図を忠実に生かせるし、『過ち error』という言葉で訳した場合に自ずと生じるはずの最も単純な解釈を、できるかぎり避けられるように思える」（W・J・リチャードスン、前掲書、二二四ページ、注二九、傍点ブルデュー。poesy と poetry の違いを論じた四一〇ページも参照せよ）。

担保・権威・保障であるテキストを我がものとしようとして、当然、さまざまな戦略がぶつかりあうが、この種の領域においてそうした戦略が効果的になるのは、戦略としては隠されている場合、しかもまず第一に——これが信念の機能だが——その戦略の策定者自身に見えないようになっている場合に限られる。策定者たちが自分に与えられた象徴資本に参与するということは、礼儀作法を尊重することでもあって、この礼儀作法が、ことあるごとに、作品と解釈者のあいだの客観的距離に従って、両者のあいだに設定される関係スタイルを定義することになる。「解釈者の特殊利害は何か」を各個別ケースにあたって、もっと完全に分析しなければならないだろう。

解釈される作品と解釈者が、それぞれのヒエラルキーの中で問題になる時期に占めている相対的立場に従って、解釈者は発見者になったり、熱狂的スポークスマン、影響を受けた注釈者、あるいはたんなるメッセンジャーにもなる。また、そうした利害がいかなる点で、どのような仕方で、解釈を方向づけているかも規定しなければなるまい。その際、たとえば、マルクーゼ[12]やホーベルト[13]に由来するフランスのハイデガー＝マルクス主義の立場のような、一見逆説的な立場を理解するのは、ハイデガーの名誉回復の企てがマルクス主義のうちの或る人びとの期待に答えるものであったことを考慮しなければ、おそらくなかなか難しいだろう。そのマルクス主義者たちは、その頃「陳腐さ」が大きな問題になっていた庶民的哲学〔マルクス主義哲学〕を、当時の哲学のうちで最も威信に満ちた哲学〔ハイデガー哲学〕に結びつけることによって、なんとか自分たちの名誉を回復しようとしていた。『ヒューマニズム書簡』[14]のうちに隠されたあらゆる術策のうちで、「ハイレベルの」マルクス主義者たちに共感を呼び起こすという点で最も効果的だったのは、ハイデガーの第二段階の戦略、つまり「新たな政治的コンテキストに照らして解釈をし直す」という戦略である。この政治的コンテキストでは、「マルクス主義との実りある対話」の言語が必要になっていたのである。これは、「徹底化による（もちろん偽りの）乗り越え」という典型的にハイデガー的な戦略であって、この戦略は前期ハイデガーが「疎外」というマルクス主義の概念に対抗してすでに組み立てていたものである。マルクスが記述するような（つまりまだあまりにも「人間学的」過ぎるやり方で記述されるような）「疎外の経験」を、人間の基礎的疎外の内に、つまり存在の真理の忘却という最も徹底した疎外の内に基礎づける「基礎的存在論」は、徹底主義の究極 nec plus ultra を表わしているのではないか。(15)

ジャン・ボーフレ、アンリ・ルフェーブル、フランソワ・シャトレ、コスタス・アクセロスが、(16)マルクスとハイデガーを同一視することは正しいと主張している、唖然とさせられっぱなしの議論を、読みなおすだけでいい。ただし彼らは、この思いがけない哲学的結合が厳密に「内的な」理由にはほとんど基づいてはいない、ということを納得している。「私は或る見方――この言葉はきわめて正確というわけではない――に魅了され心を奪われている。この見方は、近年現われた哲学書の大部分の陳腐さと好対照をなす点で、はっとさせられるのである」(ルフェーブル)。「ハイデガーの宇宙-歴史的見方と、マルクスの歴史-実践的発想とのあいだに、敵対関係はない」(ルフェーブル)。「マルクスとハイデガーのあいだに存在する共通の基盤、つまり私にとって両者を結びつけているものは、私たちの時代そのもの、高度に発達した産業文明と技術の世界化の時代である。(……)要するに、この二人の思想家はともに、少なくとも同じ対象を持っている。(……)この点で二人は、たとえば、その同じ対象があちこちで現われる特殊な姿を分析する社会学者たちとは、区別される」(17)(シャトレ)。「マルクスとハイデガーのいずれにも、世界を疑問に付すときの徹底性、過去についての同じ徹底的な批判性、地球の未来を準備しようという共通の関心が、はっきり見て取れる」(アクセロス)。「ハイデガーは、マルクスの語ることを私たちが理解するのを助けてくれようとしている」(ボーフレ)。「ハイデガーは『ナチスではいられないということと、『存在と時間』から『時間と存在』へ転換するということは、同じひとつのことである。『存在と時間』がハイデガーをナチズムから守らなかったのに対して、まさに『時間と存在』――一冊の著作ではなく、一九三〇年以来の省察と一九四六年以来の出版物との全体のこと――が、ハイデガーをナチズムから決定的に遠ざけたのである」（ボーフレ）。「ハイデガーは正真正銘の唯物論者である」（ルフェーブル）。「ハイデガーは、全く異なったスタイルで、マルクスの業績を継承している」（シャトレ）。

ハイデガーに共鳴する土壌

ハイデガー哲学が或る時期、哲学という領域のうちの多様な分野で、〈哲学的意図が最もハイレベルなかたちで実現されたもの〉と認められたことを説明するには、解釈者たちの利害関心や、いとも簡単に解釈学的な従順さを示す読者を最も権威のある作品の方へと誘導する「領域の論理」それ自体だけでは、十分ではない。こうしたハイデガー哲学の社会的運命は、大学界・知識人界などの構造内での哲学界の位置に応じた哲学教員集団を募集・養成する論理が、ハイデガー哲学と似た体質をはじめから持っていることをベースとしてのみ、実現されえたのである。少なくともフランスにおいては、哲学教員たちの多くはプチブルのうちの下層出身で、学問的偉業によって教育システムの中の片隅にある文科系学科のヒエラルキーの頂点を極め、世俗と世俗権力から距離を取っており、教員全体のうちの「エリート」であった。このエリートたちのプチブル的貴族主義が、同じような体質を備えたこの典型的な生産物に共鳴していたにすぎないのだ。

ハイデガーの言葉の見かけ上最も特徴的な効果、特に説教じみてだらだらしたレトリック（これは一種の聖典の言葉である。聖典とは、定義上汲み尽くせない主題を汲み尽くそうという意志に導かれて、執拗に限りなく行なわれる注釈の母型として機能するもののこと）の効果は全て、ウェーバーふうに言えば「教壇の予言者たち Kathederpropheten」に超日常的錯覚を日常的に再生産させるためのプロの離れ業の典型かつ究極であり、それ故この離れ業の絶対的な正統化にすぎない。祭司ふうの予言が十分な効果を上げるのは、ウェーバーが言うように、「国家から給与をもらう小予言者」の役割についての社会学的定義に含意された諸前提（これらの諸前提のうちで、学識豊かな正しい読解が行なうテキストの絶対化ほど、ハイデガーの利害関心に適うものはない）が受け入れられ、著者と解釈者たちが深い共犯関係を結ぶことがベースになる場合である。ハイデガーの「政治思想」についての問い――もっとも、この問いは、直ちに「慎みのない」ものとして遠ざけられることになるが――が立てられるためには、ナチスへのこの哲学者の加入と同じくらい異様な、アカデミックな中立性の要請に対する違反が必要であった。このような違反なしには問いが立てられないという事態は、また、中立化のひとつのかたちである。哲学教員たちは、政治に開かれた照合はいっさい哲学から排除するような定義をあまりにも深く我がものとしたので、ハイデガーの哲学がすみからすみまで政治的であることを忘れてしまった。

　しかし、正統的な理解は、立場の相同性（その完全性には幅がある）とハビトゥスの類似性の上に築かれる理解（より深いと同時により茫漠とした理解）を覆い隠すものでなかったら、形式的で空虚なものであったろう。哲学的に理解するとは、はじめに生産者自身が無意識のうちに行なった言語的な連合や代入を実践的なやり方（多くの場合、無意識的な仕方）で行ないながら、言葉半ばで理解し行間を読むことである。イデオロギー的言説は、自らの二重性から自らの効果を引き出し、社会的利害を隠したり裏切ったりするようなかたちでしか社会的利害を正統に表現できないが、イデオロギー的言説に特有なこの矛盾は、このように読者の理解のおかげで、実践的に解決されるのである。立場の相同性とハビトゥスの組織化（その完全性には幅がある）は、話し手がスポークスマンとなる社会的利害について聞き手の実践的認知を助長し、また、その利害の直接的表現を禁じる検閲の特殊形式についての実践的認知を助長する。二重の意味についてのこの読者の認知は、あらゆる意識的解読作業の外で、言説が言おうとしていることを直接とらえるのである。[18] 言葉の手前でのこの理解は、〈まだ表現されておらずさらには抑圧されている意味深長な利害関心〉と、〈哲学界の暗黙に認められた規範に従ったしかるべき表現〉との出会いから生まれる。もしハイデガーのエリート主義的信仰告白がシモーヌ・ド・ボーヴォワール――彼女は自らの著作の中でハイデガーを扱うのを忘れている――の言う「右翼の思想」の外観を備えて現われていたら、[19] まちがいなくそれに戦いを挑んでいたはずの同じサルトルが、ハイデガーの著作が社会的世界についてのハイデガー自身の経験に与えていた哲学的表現をあのようなかたちで理解できた理由は、ハイデガーの著作が哲学界の作法・取り決めに適ったかたちで現われたこと以外にはない。このように哲学的意識の伝達は、社会的無意識の伝達に基づいて可能になる。この『嘔吐』は、「エリート」の若い知識人の経験が昇華されて表現されたもの、と考えられる。この知識人は突然、自分に割り当てられた場所——田舎の小さな町の哲学教員という場所——の無意味さ（二重の意味での無意味さ。そのうちのひとつの意味が「不条理」）に直面する。彼は、支配階級の中の不安定な突出部に位置づけられた、正統性を持たないブルジョワであり、ブルジョワの諸権利、さらには諸権利を要求する可能性そのものを奪われている（こうした客観的状況は、ほぼそのままのかたちで「私生児」のテーマの中に翻訳されている）が、社会的世界の残りの全てに、要するに「ろくでなし」「ブルジョワ」（マルクスではなくフロベールの言うそれ）に、つまり自分の役割と権利の中でゆったりくつろいでいる全ての人びとに、自分を対立させることによってのみ、自分を定義できる。なぜなら、この連中は、「考えない」という幸運かつ不運を持っているからだ。もう少し後になって、哲学的に婉曲化された体系の中で出てくる「即自」と「対自」の現実における「実存的な」対応物が「ブルジョワ」〔即自〕と「知識人」〔対自〕であるとみなすなら、「神であることのノスタルジー」〔即自対自〕の意味もおそらくよく理解できるようになろう。つまりそれは、ブルジョワと知識人の和解のこと（フロベールが言っていたように「ブルジョワのように生き、半神のように考えること」）、思想なしの権力と無力の思想との和解のことなのである。[20]

第6章　自己解釈と体系の進化

体系化の到達点としての「転回」

ナチズムに「失望した」――おそらく、この運動の「通俗的」で、あまり徹底しない様子に失望した[1]――ハイデガーは、当時容認されていた主題・著者（特にニーチェ）へ、あるいは遠い過去の時代のそれへ向かうことになるが、そうした「慎重な撤退」ないし「ずる賢い離脱」という事態のうちで、外的政治状況の果たした役割がどのようなものでありえたとしても、『ヒューマニズム書簡』で報告され、著者自身と注釈者たちによってあれほどむやみやたらと、あるときは「徹底的断絶」として、またあるときは「単純な深化」として記述された有名な「転回」は、ハイデガー自身にとって自明な体系を統合する作業の到達点にすぎない。この体系は、そうした作業の中でさらに獲得された婉曲語法によって、検閲が強化される時期（ナチズム下の時期、引退後の時期、さらにはナチズム後の時期）に、奇跡的に適合する。この体系は、実現されていきながら、自らの起源から遠ざかると同時に、起源へと近づく[2]。つまり、体系が実現され完成されていくにしたがって、政治的幻想が突発的に主張されるようなことは少なくなっていくが、そのとき体系は、出発点に戻っていく。すなわち、フッサールが見て取ったように、はじめに絶対的非合理主義が、政治的ニヒリズムの対応物である哲学的公理系の中に閉じこめられ、その絶対的非合理主義へと向かう連続的進行を通じて、体系は出発点に戻りながら、体系それ自体の最初の要請から出てくる最終的帰結へと至るのである。ハイデガーは、自らの初期の文章についての「人間学的」解釈を（特に一九三七年の『ジャン・ヴァール宛書簡』の中で）執拗に忌避しながら、新たな婉曲表現を練り上げる。つまり都会的フランス的腐敗の象徴ボードレールに対する一種のゲルマン的対立物ヘルダーリンのような、あまねく広がった退廃の中で進むべき道を指し示す精神的総統とでも言うべき者の旗の下に身を置きながら、[3] 彼は繰り返し、常識とか「通俗的理解」を非難し、「否定性と有限性にどっぷりつかっているかぎり」現存在が世界への没入、「存在忘却」、「彷徨」、「堕落」、「退廃」から逃れることは不可能である、と訴える。彼は新たに、以前より分かりやすく以前より神秘的な言葉を使って、専門信仰と科学崇拝の告発をやり直す。そして彼は、ギムナジウムで教えられているような「父」のイデオロギーをおおげさな言葉に翻訳しながら、芸術の崇拝と、芸術としての哲学の崇拝とを公言する。最後に彼は、思考 Denken と感謝 Danken の同一視をはじめとする、手が込んでいると同時に――〈ほとんど全ての人が認めるから確かだ〉という保証によって――保証されたさまざまな言葉遊びを用いて、「聖なるもの」とか「神秘を前にした神秘的な自己放棄」を高く評価する。そうした自己放棄によって思考は、言わば「供物」「存在への自己譲渡」「開け」「待機」「犠牲」になる。

ハイデガーは、その文体とその対象の点で、シュテファン・ゲオルゲによって代表される極へ、いや少なくともハイデガーが実際のゲオルゲから出発してゲオルゲについて作り上げた観念へ、たえず近づいていった。あたかもそれは、ハイデガーが概念詩の祭司という役回りのために、事物とテキストの近くにいる予言者的「反逆者」という役割を捨て去るに際して、自分に向けられる承認を拠り所にしていたかのようである。苦痛も変節もないまま前期ハイデガーから後期ハイデガーへと至る過程の原理は、自己擁護（Selbstbehauptung）と自己解釈（Selbstinterpretation）[4]という作業である。この作業を哲学者ハイデガーは、哲学界が彼に送り返してくる自らの作品の客観的真理との関係の中で行なう[5]。ハイデガーがW・J・リチャードスンに、自分の初期の立場のうちで自分のものと認めないようなものはない、と書き送っているのも当然である。「転回の思想は、思想における変化である。しかしこの変化は『存在と時間』の視点の変化から、ましてやその基本的問いの放棄から帰結したものではない[6]」。実際、捨て去られるようなものは何もない。いっさいが、否認しなおされるのである[7]。

　解釈および解釈者は、著者に向かってその著者が何者かを語り、そのことによって著者が解釈者によって語られている者になることを許可するというやり方で、客観化と同時に正統化を行なうが、自己解釈とは、そうした解釈および解釈者に対する著者による反撃である。こうした自己解釈によって後期ハイデガーは、前期ハイデガーの文体・発見法の実践的図式を、方法へと変換する[8]。したがって、最後の言語理論全体は、出発点から実際に用いられていた戦略と技術を、意識的決断をもって構築したものにすぎない。高い評価を得た有名な著者が、自らの客観的真理を受けとめ、その真理を哲学的選択へと変貌させることによって、その真理を絶対化するのである。

〈哲学が言語を支配するどころか言語が哲学を支配している〉ないし〈哲学が言葉をもてあそぶどころか、言葉が哲学をもてあそんでいる〉とは、〈言葉遊びとは、存在の言語であり、存在のロゴスつまり存在‐論である〉ということである。哲学者とは聖なるものの司祭であり、彼の呪文は臨在を準備するにすぎない。

ここでこのテーマが表現されている無数のテキスト、特にヘルダーリンに関する全ての文章を引用する必要があろう。その文章のうちには、ハイデガーの詩人論の実践的意味が特にはっきり見てとれる。詩人とは、調停者 Fürsprecher であり、存在のために存在の代わりに語り、祖語 Ursprache へ戻ることによって民族 Volk を動員し結集させ、民族の声を解釈するものである（M・ハイデガー『ヘルダーリンへのアプローチ』*Approche de Hölderlin*, Paris, Gallimard, 1962）。「ヘーベル——家の友」（*Questions III* 所収）〔東専一郎他訳『思惟の経験から』所収、創文社〕と、それについてR・ミンダーが行なっている分析「マルティン・ハイデガーと農地の保守主義」（R. Minder, «Martin Heidegger et le conservatisme agraire», *Allemagne d'aujourd'hui*, n° 6, janvier-février, 1967, pp. 34–49）も読む必要がある。こうした客観的真理の回復の戦略は、否認と両立できないわけではない。「この節で与えた『住むこと』としての『内‐存在』に関する覚え書きは、語源学的な空しい遊びではありません。一九三六年の講演において、次のようなヘルダーリンの言葉に注意をうながしたことも同様です。『功績に充ちたりといえども、人間は詩的にこの大地に住まう Voll Verdienst, doch dichterisch wohnet der Mensch auf dieser Erde』という彼の言葉は、学問を捨て詩に救いを求める思想の飾りでは少しもありません。存在の家について語ることは、存在に『家』のイメージを転移することではまったくありません。むしろ、あるがままに思考された存在の本質から出発してこそ、私たちは『家』とは何か、『住む』とはどういうことかを、やがて思考できるようになるでしょう」（ハイデガー『ヒューマニズム書簡』一五七ページ、傍点はブルデュー〔前掲邦訳、四五二ページ〕）。

進化の原理としての警戒

この自己解釈の作業は、訂正・修正・調整・否認といったものの中で、そうしたものを通して、成し遂げられる。そうしたものによって著者は、（特に政治的な）告発や、さらにやっかいな、共通の同一性へのあらゆるかたちの還元から、自分の公的イメージを護るのである。

警戒がどれほどのものか見るために、ひとつ例を上げておこう。「私たちは例として指物師という職業を選んだが、その際、〈この例の選択には、私たちの惑星の現状の変化の期待が、つまりそうした変化によって予測可能な一定の時間内に、あるいは遠い未来に牧歌的な状態へと至るというような期待が現われている〉などと誰も考えはしない、ということを私たちは前提していた」（ハイデガー『思考と呼ばれるのは何か』*Qu'appelle-t-on penser?*, Paris, PUF, 1959, pp. 93-94）。警戒の戦略と同様、体裁の戦略も、より一層執拗なものになる。前期ハイデガーが通常の言語の構造と社会的世界の表象の共通形式とに適用していた思考様式を、自分の前期哲学に適用することによって、後期ハイデガーは自らの前期哲学に第二段階の婉曲化をほどこす。この婉曲化によって、かつての手法・効果は戯画と見えるようにまでなる。たとえば、『存在と時間』（三八五ページ〔前掲邦訳、五六六ページ〕）において「運命 Geschick」という言葉は、「経歴 Geschehen」および「歴史 Geschichte」という言葉と、いまだ透明な関わりを持ち（「現存在の『世代』のうちにあり、かつ現存在の『世代』とともにある現存在の宿命的運命 das schicksalhafte Geschick が、現存在の十全な本来的経歴 Geschehen を成すのである」）、「共通の運命」、現存在が「本来性」の中で引き受けなければならない民衆全体の遺産のことを意味している。これに対して後期ハイデガーにおいては、この言葉は全く別の言葉の組合せのうちに挿入される。それはリチャードスンが見事に指摘しているとおりである。「送付 sending にあたる **schicken**、歴史 history にあたる **Geschichte**、運 fortune にあたる **Schicksal** などのドイツ語の単語と共に、**Geschick**（運命）という単語は、〔『経歴』という意味にもなる〕**Geschehen**（起こる）という動詞から派生した。ハイデガーにとって、この **Geschick** という言葉は、『性起 Ereignis』つまり『存在が人間に自らを送り付ける sich schickt という出来事』を意味する。英語では、送付を **e-mitting** とも表現する。ここに現われている **mittence** を『存在から生じるもの』とみなせば、特に『人間の内に起こること』という面からみられた **Geschick**、すなわち **Schicksal** は、**commiting**（付託）ないし **commitment**（委託）と訳すのが妥当である。『存在と時間』については、**Schicksal** には **fortune** という訳語をあてておけばよかったが、今後〔後期ハイデガーについて〕は、**commitment** と訳さなければならない。そして『歴史としての存在（**Ge-schick-e, Geschichte**）』とは、**mittences** の全体のことであるから、**inter-mittence** と訳すことにしよう。以上のことすべては、ヘルダーリンの『回想』に関する省察〔三木正之他訳『ヘルダーリンの讃歌「回想」』創文社〕の中で、より一層明確になる」（リチャードスン、前掲書、四三五ページ、注一）。

区別の探求の予言者的企てのうちに基準・分類の学者的支配力を与える、こうした熱狂的で悲壮ですらある警戒が、おそらく、進化の正真正銘の原理になっている。この原理が、打ち消しから打ち消しへ、否認から再否認へ、(フッサール、ヤスパース、サルトルなどに対しての)距離の確保から集団的ないし個別的なすべての規定・名称の乗り越えへ、といった具合に、ハイデガーの思想を少しずつ否定的な政治的存在論へと変貌させる(9)。

本質的思考は本質的なことを思考しなかった

ハイデガーのナチズムに関して考察する者たちが哲学的言説に認める自律性は、いつも多過ぎるか少な過ぎるか、いずれかである。ハイデガーはナチスの党員であった。これは事実である。しかし、前期ハイデガーも後期ハイデガーも、学長クリークがそうであったような意味では、ナチスのイデオローグではない。クリークを批判することによって、ハイデガーがニヒリズムから距離を取る方向へと向かったということはありえる。だが、だからといって、ハイデガーの思想が「保守的革命」の「哲学的」領域内の構造的対応物ではない、ということにはならない。ナチズムは、「保守的革命」の別の現われ、哲学とは別の形成法則に従って生み出された現われを代表している。それゆえこの現われは、哲学的錬金術が「保守的革命」に与える昇華された形式の下でしかこの革命をかつても今も認められない者たちには、実際に受け入れられていない。同様に、カルナップによる有名な批判は、ハイデガーの言説の空虚な性格を、「生命の感情」の才能を欠いた単純な表現と非難し、標的を見失っている。(10) 実際、純論理的分析は、純政治的分析と同様、この二重の言説を説明するのに無力である。この言説の真理は、形式のゲームが前面に押し出す公言され公的になったシステムと、固有の一貫性によって象徴的建造物全体を支える抑圧されたシステムのあいだに存在する。ハイデガーは、本来の意味(つまり純哲学的な意味)をむりやり特権的参照基準と決めつけ、強調され際立ったこの意味に、そもそも曖昧で両義的な言葉によって伝達される意味を隠蔽する権力を授け、特に通常の用法の中に込められた価値判断や情動的含意を隠蔽する権力を授けるが、これは、ひとつ選ばれた読解様式を唯一正統なものとして押しつけることである。ここで、哲学への入り口となる純哲学的錯覚は、ひとつの言語の採用には還元されず、ひとつの心的態度の採用を前提する、ということが分かろう。この心的態度によって、同じ言葉から、別の意味が取り除かれてしまうのである。哲学的言説はすべての人が手にすることができるが、それを本当に読むことができるのは、しかるべきコードだけではなく、しかるべき読解様式をも身につけている者だけである。それは、しかるべき使用域の中に文章を位置づけることによって、文章の固有の意味を響かせるような読解である。「しかるべき使用域」とは、哲学の社会的空間の中に本来的に身を投じている全ての人びとに共通の心的空間ということである。

正統な読解様式の押しつけ、本来の意味の押しつけとは、受信者としての読者に非本来的意味(つまり検閲を受けタブーとされ抑圧された意味)の責任を負わせる手段を手にすることである。受信者は、情報に暗く悪意のある読者であることになる。したがってまた、正統な読解の押しつけとは、語らずに語ることである。つまり、暗黙の含意（不適当なコンテキストに照らし合わせてのみ理解できるすべてのこと）をはねつける権利を、前もって手にすることである。しかし、だからと言って、この押しつけを、意識的な二枚舌とか、さらには意識的なレトリックの戦略とみなさなければならないのだろうか。抑圧された意味を客観化する分析は、どうしても、哲学を意識的で創造的な活動として目的論的に表象させがちである。だが実際は私たちは、思想家を告訴したり思想家の無罪証明を行なうのではなく思想家を理解しようとするとすぐに、思想家が最も根本的なレトリックの戦略の主体ではなく客体であることに気づく。この戦略が作動するのは、思想家が自分のハビトゥスの実践的図式に導かれて、それ自身一種の媒体として、諸社会空間の必然性によって、言わば貫通されるときである。これら社会空間は、心的空間と不可分であり、これら心的空間も思想家を通じて関係しあうようになる。ハイデガーがかつて実際に語ったことを、ほんとうは自分に向かっては語る必要がないのに、語りえたのは、おそらく彼は自分が語っていたことをほんとうはまったく知らなかったからである。そして、彼が自分のナチス加担の釈明を最後まで拒否したのも、おそらく同じように説明できる。本当に釈明するとは、「本質的思考」は決して本質的なことを思考したことはなかった、と（自分に向かって）告白することであったはずだ。「本質的なこと」とは、本質的思考を通して表現されていた社会的な「思考されざるもの」のことであり、思考の全能という錯覚だけが生み出せる極端な頑迷を支えている通俗的な意味での「人間学的」基礎のことなのである。

から、瞑想の中に逃げ場を見つけるためのたんなる『森歩き Waldgang』〔『反逆者論』原題〕へと移っていくときのそれと、よく似ている。

6) M. Heidegger の「序言」、W. J. Richardson, *op. cit.,* pp. XVI. XVII.

7) ナチズム下での自らの政治活動についてのハイデガー自身の弁明としては、1945年11月4日に占領軍の前で行なわれた彼の宣言を参照のこと(あわせて、1976年5月31日付け『シュピーゲル』誌掲載の、1966年9月23日のインタヴューも参照されたい。このインタヴューの中で、彼はよく似た議論を展開している。彼は、同僚たち特にナチスによって罷免された前学長フォン・メレンドルフの求めに応じて、そして大学の精神的生命を護るために、学長ポストを受け入れたこと。彼は同じ理由でナチ党に入党したが、党の活動に参加したことは一度もなかったこと。彼の思想は、ナチスのイデオローグからたえず批判されたこと。彼は反ユダヤ主義と非難されるようなことは一度もしておらず、ユダヤ人の学生・同僚を助けるためにできることはすべてやったこと、など。)

8) このような進展は、生産的意図の老化に特有なものに思える。生産的意図は、アカデミックなものとなり、そのことによって化石化していく。生産的意図は、その意図そのものの客観化の中で、またそうした客観化によって生み出される客観化(批評、注釈、分析など)の中で自らを意識していき、自らに認められた権威によって自らを権威づけて、自らの論理の究極まで突き進んでいくのである。

9) 乗り越えの意図は、その意図そのものが以前生み出したものにも、適用される(cf. たとえば, « Dépassement de la métaphysique »〔「形而上学の乗り越え」〕in M. Heidegger, *Essais et conférences, op. cit.,* pp. 80-115, 特に pp. 90-91, これは『カントと形而上学の問題』に関する箇所)。

10) R. Carnap, *La science et la métaphysique devant l'analyse logique du langage,* Paris, Hermann et Cie, 1934, pp. 25-29, 40-44.

サルトル〕を、知的領域でもぐらついている者、つまり知識人家系に生まれつかなかった知識人〔＝ハイデガー〕から区別するものすべてを、考慮に入れる必要があるだろう。

第6章

1）最近の歴史研究は、哲学的な意図それ自体のスタイルと、特に、そこで表明されている方法的過激主義とが暗示するこの仮説を、確証する傾向にある。たとえばフーゴー・オットは、ハイデガーが自分とナチスとの関係について（特に、総統への自分の信頼について、そしてその後の自分の「抵抗」について）行なった再解釈に疑問を投げかけ、ハイデガーが学長ポストを受け入れたのは、義務への純粋な献身の結果とは思えず、ナショナリズムの政治についての新しい考え方に従って、知識人・学者の世界を我がものとし（フライブルク大学学長は帝国レベルへ上昇しようとするときの出発点となるベースであった）、言わば学長の学長、知的総統になろうというきわめて政治的な意志があったからだ、ということを明らかにしている。しかし実際は、おそらくハイデガーの急進主義（つまり徹底主義）に怯え、ナチスは彼を選ばず、ハイデガーは口実を見つけて職を捨てるのである（cf. H. Ott, « Martin Heidegger als Rektor des Universität Freiburg, 1933-1934 », *Zeitschrift für die Geschichte des Oberrheins,* 1984, pp. 343-358 ; in « *Schau-ins-Land* », Jg. 103, 1983, pp. 121-136 et 1984, pp. 107-130 ; « Der Philosoph im politischen Zwielicht », *Neue Zürcher Zeitung,* 3-4 nov. 1984）。

2）『存在と時間』〔1927年〕と、1929年の『カントと形而上学の問題』および小品の中で『存在と時間』について行なわれた解釈とを、前期ハイデガーのものとみなすことは、広く認められているから、『ヒューマニズム書簡』で言及された「断絶」は、おおよそ1933年から1945年のあいだに位置づけられる。

3）R. Minder, « A propos de Heidegger, Langage et nazisme », *Critique,* 1967, n° 237, pp. 289-297.

4）この言葉は、フォン・ヘルマンから借用したもの。F. W. von Hermann, *Die Selbstinterpretation Martin Heideggers,* Meisenheim-am-Glan, 1964.

5）ハイデガーの思想構造が平行移動されていくプロセスの重要な側面を調査するためには、以下を参照のこと。W. J. Richardson, *op. cit.,* p. 626. このプロセスは、ユンガーの反逆者が、『労働者』の行動的英雄かつ支配者

13) C. Hobert, *Das Dasein im Menschen,* Zeulenroda, Sporn, 1937.

14) M. Heidegger, *Lettre sur l'humanisme, op. cit.*（『ヒューマニズム書簡』）の以下のページを参照のこと。『存在と時間』についての「実存主義的」読解の否認（pp. 61, 67, 73）、『存在と時間』の諸概念を宗教的概念が「世俗化」されたものと見る解釈の否認（81ページ）、本来的と非本来的の対置についての「人間学的」ないし「道徳的」読解の否認（p. 83）、「祖国」（Heimat）の分析についての「ナショナリズム」の否認（p. 97–98）など。

15) Cf. M. Heidegger, *Lettre sur l'humanisme, op. cit.,* pp. 101-103.

16) K. Axelos, *Arguments d'une recherche,* Paris, Ed. de Minuit, 1969, pp. 93 sq., 傍点はブルデュー ; cf. K. Axelos, *Einführung in ein künftiges Denken über Marx und Heidegger* (Introduction à une pensée future sur Marx et Heidegger), Tübingen, Max Niemeyer Verlag, 1966.

17) ここで、存在と存在者のあいだの「存在論的差異」の図式が、現在において、つまりその実践的真理のうちにあるがままに、見えてくる。哲学と特に社会科学とのあいだの距離を強調し、両者のあいだにヒエラルキーを再構築しようとするとき、自然にこの図式が現われるのは、偶然であろうか。

18) カール・フリートリヒ・フォン・ヴァイツェッカーの明らかに矛盾した以下のような言明に現われているのが、こうした盲目的理解である（ハバーマスによる引用 J. Habermas, *op. cit.,* p. 106）。「出版されたばかりの『存在と時間』を読み始めたとき、私は若い学生であった。いま率直に言うと、当時私は厳密には全く理解していなかった。しかし私は当時、『近代理論物理学の背後に存在していると私が予感していた諸問題を、まさにこの本において、そしてこの本においてのみ、哲学が把握しているんだ』という印象が頭に焼きついていたが、いまでもこの印象は正しいと思っている。」

19) Cf. S. de Beauvoir, « La pensée de droite aujourd'hui », *les Temps modernes,* t. X, numéro spécial（112-113）, 1955, pp. 1539-1575 ; t, X（114-115）, 1955, pp. 2219-2261.

20) サルトルとハイデガーが辿ったその後の運命の違いを理解するには、深く異なる二つの領域における各人の位置を定義し各人の軌道を規定するファクターの全体を考慮に入れ、そして特に、生まれついての知識人で、支配階級内ではぐらついているが、完全に知的世界に組み込まれた者〔＝

書簡』の受取人〔ジャン・ボーフレ〕は、ハイデガーの深い直観の背後に、並はずれた言語的才能を見て取った。この優れた洞察によって彼は、フランスにおける最も権威あるハイデガー解釈者となった」(W. J. Richardson, *op. cit.,* p. 684, J. Beaufret の論文に関する箇所)。「共感あふれる［Albert Dondeyne の］この研究は、存在論的差異がハイデガーの努力全体に共通の基準点である、という考えを展開している。しかしおそらく、厳格なハイデガー主義者たちすべてが、ハイデガーを『永遠の哲学 philosophia perennis の伝統』に関係づける定式に、満足するわけではないであろう」*ibid.* ; 傍点はブルデュー)。

5) M. Heidegger, *Introduction à la métaphysique, op. cit.,* p. 15.

6) M. Heidegger, *Nietzsche,* Paris, Gallimard, 1983, I, p. 213.「誰のものでもないものに名前を与えること」しかできないような「伝記に、作品をとらえることはできない」と、或る箇所でハイデガーは述べている。

7) J. Beaufret, *Introduction aux philosophies de l'esxistence. De Kierkegaard à Heidegger,* Paris, Denoël-Gonthier, 1971, p. 111-112.

8) O. Pöggeler, *La pensée de M. Heidegger,* Paris, Aubier-Montaigne, 1963, p. 18.

9) この観点から、マルセル・デュシャン (*VH 101,* 3, automne, 1970, pp. 55-61) の或るインタビューと『ヒューマニズム書簡』とを、接近させて考察できよう。両者は、無数の否認・警戒や、解釈者と示し合わせたいかさまで、あふれているのである。

10) 自らの思想の公開についての配慮は、無尽蔵な著作活動の条件であるが、この配慮も、出版戦略の中に、はっきり見て取ることができる。周知のとおり、ハイデガーは、おずおずと少しずつ間隔を置きながら、自分の講義録しか出版しなかった。決定的な思想は決して漏らさない、というこうした配慮は、1927年に断片として出版され決して完成されなかった『存在と時間』から、彼自身が協力し欄外に注釈がほどこされた〔クロスターマン版〕『ハイデッガー全集』に至るまで、決して変わることはなかった。

11) この「主張」そのものが『ヒューマニズム書簡』の中で否認されている (*op. cit.,* p. 95) と反論されるかもしれないが、とにかく、同じ主張が少し先のところで (p. 111)、もう一度肯定されているのである。

12) H. Marcuse, « Beiträge zur Phänomenologie des historischen Materialismus », in *Philosophische Hefte,* I, 1928, pp. 45-68.

たとえば、ハイデガーにおける「形而上学」という語は、カントにおけるそれと意味が違うし、後期ハイデガーにおけるそれも、前期ハイデガーのそれとは意味が違う。この点でハイデガーは、言語の哲学的用法の本質的特性を究極まで押し進めたにすぎない。哲学的言語は部分的に交わりあう個人言語 idiolecte の総計であって、そうした哲学的言語を十全に使いこなせるのは、各語を特定の個人言語に照らし合わせる能力を持った話者だけである。各語は特定の個人言語のうちで意味を持つことになるが、能力のある話者は、この意味を（たとえば「カントの意味で」というふうに）各語に与えようとするのである。

21） E. Jünger, *Traité du rebelle, op. cit.*, pp. 47-48.（66ページには、はっきり名前が上げられているわけではないが、明らかにハイデガーを示唆していることが分かる箇所がある）。

22）「本来的自己性は、『ひと』による支配から解放された主体に偶然生じる例外状況に基づくのではなく、『ひと』の実存的変容でしかありえない。『ひと』の実存的変容とは、すでに本質的実存疇と定義されたものである」。M. Heidegger, *Sein und Zeit, op. cit.*, p. 130（trad. fr., p. 163）〔『存在と時間』前掲邦訳、200ページ〕, 以下も参照のこと p. 179（trad. fr., p. 220）〔同書、271ページ〕.

23） M. Heidegger, *Sein und Zeit, op. cit.*, p. 295-301〔同書、第60節〕, 305-310〔同書、第62節〕.

24） M. Heidegger, *Sein und Zeit, op. cit.*, pp. 332-333〔同書、第66節〕, 337-388〔同書、499-571ページ〕, 412-413〔同書、605-608ページ〕.

第5章

1） J. Habermas, « Penser avec Heidegger contre Heidegger », *Profils philosophiques et politiques, op. cit.*, pp. 90-110.

2） M. Heidegger, *Essais et conférences, op. cit.*, p. 193〔「建てる、住む、考える」〕.

3） M. Halbwachs, *Classes sociales et morphologie*, Paris, Ed. de Minuit, 1972, p. 178. もちろん、こうした文章は、哲学の名にふさわしい全ての言説から予め排除されている。「理論的」と「経験的」の違いの感覚は、実際、哲学的卓越感覚の基本次元である。

4） 公認教養の言語を導入するのは、社会学者ではない。「『ヒューマニズム

13） G. Bachelard, *Le matérialisme rationnel,* Paris, P.U.F., 1963, p. 59.

14） M. Heidegger, *Chemins qui ne mènent nulle part,* Paris, Gallimard, 1962, p. 281.

15）「本質的思考」の全能のもうひとつの例、特に戯画的な例として、1951年の講演のテキスト「建てる、住む、考える」（M. Heidegger, *Essais et conférences, op. cit.,* p. 193）をお読みいただきたい。このテキストにおいて、住宅難は、「住む」ということの存在論的意味の危機へ向かって「乗り越えられる」のである。

16） 典型的に「哲学的な」この効果は、「哲学者」と「俗人」（特に実証的学問の専門家たち）とのあらゆる出会いにおいて、無際限に再生産される傾向がある。実証的学問の専門家は、頂点かつ「基礎」としての最終審という地位を哲学者に授けるヒエラルキー、正統性の社会的ヒエラルキーを認めがちだからである。こうした逆転という学者ふうの「やり口」は、もちろん「学者」用語の中で、最も効果的になる。哲学テキストは、一種の秘教化から生まれるにしても、注釈の仕事が行なわれることを前提として公開される。注釈は、秘教化にとって不可欠であり、（偽りの）具体化のうちで最大の効果を発揮する。ここで言う「具体化」とは、（偽りの）断絶を逆の側から踏み越えることによって、はじめに婉曲化され秘教化された第一の意味を、もう一度活性化することであるが、そこには必ず、秘教伝授のための距離を維持しようという警戒の姿勢（「これは一例にすぎない」）が見い出されるのである。

17） M. Heidegger, *Sein und Zeit, op. cit.,* p. 121（trad. fr., p. 153 ; 傍点はブルデュー）。

18） J. Lacan, *Ecrits,* Paris, Seuil, 1966, pp. 11-61〔佐々木孝次訳「《盗まれた手紙》についてのゼミナール」『エクリ I』所収、弘文堂、7-80ページ〕.

19） M. Heidegger, *Sein und Zeit, op. cit.,* pp. 127-128（trad. fr., p. 160 ; 傍点はブルデュー）。ハイデガーの「哲学的」文体は無際限に繰り返される少数の効果の総計であるが、そうした少数の効果は、以上のように同じひと続きの節（社会福祉が分析される『存在と時間』第26・27節）の中でとらえたほうがいい。それらの効果は、この節のうちに集中的に現われており、実際にひとつの言説においてそれらの効果がどのように相互に連関しているかを見るには、この節を一気に再読すべきなのである。

20） 極言すれば、すべての語が翻訳不能なハパックス hapax になりうる。

る支配の一側面である「文学の統制体制」を論じたものであるが、ちょうどこの箇所を書いていたとき私は、その試論の文章をはっきり覚えていなかった。「基本的な人的資源の需要は、設備調達の側からすれば、気晴らしのための書籍も詩も同じ仕方で、制御されている。そうした書籍を製造する側にとっては、詩人はいかなる点でも見習いの製本職人以上の重要性を持たない。いわば企業的図書館と言うべき書店・出版社・印刷屋からすると、見習いの製本職人だって、たとえば倉庫から厚紙を取ってくるといったかたちで、詩の製本を手伝っているのだから」(M. Heidegger, *Essais et conférences, op cit.,* p. 110 ; 傍点はブルデュー)。

8) この貴族主義の兆候をもうひとつ上げておこう。前哲学的実存を修飾するとき用いられるすべての形容詞に軽蔑的なニュアンスが与えられていることである。その結果、それぞれ、「非本来的 inauthentique」は「偽物の」、「民衆的な vulgaire」は「低俗な」、「日々の quotidien」は「月並みな」、「公共の public」は「大衆的な」といった意味あいになる。

9) 明らかに〔日常的な〕民族語は、ハイデガーの利用するのとは別のさまざまな可能性を、イデオロギー的ゲームに与える。宗教用語は、受け手の知覚カテゴリーの違いに応じて多義性が働くことを利用する。これに対し、支配的な政治的ジャーゴンは、階級用語や(専門領域に結びついた)専門用語の複雑さに含まれる、あいまいさと誤解の潜在性をもっぱら利用する。

10) たとえば生物学主義に関する詳しい議論(cf. M. Heidegger, *Nietzsche,* Paris, Gallimard, 1961, 特に t. II, p. 247)を考えてみると、こうして生物学主義について詳しく論じることと、昇華された形態の「生の哲学」の体系に威信を与えることが、両立しているのである(この「生の哲学」は、存在を歴史的創発ととらえる理論であるが、その歴史的創発=存在の原動力は、ベルクソンの創造的進化の場合のように、否定神学の「属性なしの神」の中に見いだされる)。

11) M. Heidegger, *Sein und Zeit, op. cit.,* pp. 56-57(trad. fr., pp. 78-79)

12) 祭司予言のマルクス主義版とでも言うべきものが「認識論的断絶」という概念を現在どのように使っているかも、同じ論理で理解できよう。「認識論的断絶」とは、一種の通過儀礼によって通過されるべきものであって、そこを通過するということは、科学とイデオロギーのあいだにきっぱり引かれた境界線を、一度だけでしかも決定的に通過しきってしまうことなのである。

トのイニシャルであった場合で、それぞれこの文章の読み方はいったいどうなるか（もちろん、こうしたさまざまな「筆者指定」に全面的な信憑性が生まれるのは、その筆者指定に、形式のいくつかの変容がともなう場合だけである)。

3) たとえば数学者の「群 groupe」という言葉は、群の構造を固有なものとして定義するような、しかも群の諸特性の根源に存在するような操作・関係によって、余すところなく定義される。これに対して、辞書に上げられるこの言葉の特殊用法の大部分——たとえば、絵画用語としては「美術作品において有機的統一をなす数人の人物のまとまり」のことであり、経済用語としては「多様な絆で結び付いた企業の集合」のこと——は、第一の数学的意味に比べると、きわめて弱い自律性しか持たず、この第一の意味を実際にわがものとしていないような者にとっては、意味がよくつかめないであろう。

4) M. Heidegger, *Sein und Zeit,* Tübingen, Niemeyer（erste Aufl. 1927), 1963, pp. 300-301. やがてハイデガーの権威は増大していき、反論を許さず内容空疎な言葉を偏重する姿勢 verbalisme péremptoire（これがあらゆる権威的言説の究極なのであるが）を市場が期待するようになり、ハイデガーは、この市場の期待によって自分がより一層権威づけられてきたと感じるようになるが、それに応じて次第に、より一層こうした方向へと進んでいくことになる。この企てにおいて、彼を援助するのは、特にフランスの翻訳者たちの仕事である。彼らは、ドイツ人の読者がもっと正しく見抜いていたハイデガーの凡庸な表現や浅薄な新語を、多くの場合、奇形とも言うべき諸概念に変形することになる。ドイツとフランスにおけるハイデガー著作の受け入れの違いは、このことから説明できる。

5) 「この分析は、ハイデガー自身が少なくとも最新の著作において自分のものだとはっきり明言している言語使用の諸特性を、あらためて確認したものにすぎない」と反論がよせられるかもしれない。しかし実際は、もう少し先で明らかになるように、そうした告白は偽りであって、後期ハイデガーが徹底して取り組む自己解釈と自己擁護の仕事の一側面である。

6) M. Heidegger, *Sein und Zeit, op. cit.,* pp. 126-127（*L'Etre et le temps,* Paris, Gallimard, 1964, pp. 159-160)。今後、はじめにドイツ語版のページ数を上げ、仏訳があればその後に仏訳のそれを上げることとする。

7) 「形而上学の乗り越え」に関する試論（1936-1946年）は、「技術」によ

しかし私たちは、『経験的人間』を中心にすえるような関係に留まる権利を持っていない。その点で、ハイデガーが最後に言ったことは、きわめて重要であった。私の立場と同様、彼の立場は人間中心主義的ではありえず、そうなろうともしていないとすれば、私たちの対立における共通の中心はどこにあるのか。それが経験的なものの中に求められてはならないことは、明らかである」。ハイデガーは、二人の哲学者の違いについての問いを「人間中心主義的な用語で立てる」ことはできないと主張し、哲学的臆見の暗黙の公理に同意している（*op. cit.,* pp. 46-47）。

14） M. Heidegger, *Essais et conférences, op. cit.,* p. 113（傍点はブルデュー）。

15） スタイルそのものについて言えば、ハイデガーがお墨付きを与えて、大学人が使う言葉の中に、神秘的言語と言語への神秘的関係を導入したということは、ありえるだろう。そうした神秘的言語と言語への神秘的関係は、そのときまで、保守的革命の周辺的小予言者たちが独占していたものであった。そうした者のうちで最も有名なユリウス・ラングベーンは、たえず言葉遊びとか、普通名詞・固有名詞に始まる意味の派生とか、一種の「神秘的文献学」とかを支えにしながら、晩年のニーチェふうのおおげさな散文を書いていた（cf. F. Stern, *op. cit.,* pp. 116-117 ; cf. p. 176, n. 1, 青年運動の神秘的言語に関する学位論文の参照指示あり）。

第 4 章

1） このモデルは、あらゆる種類の言説にあてはまる（cf. P. Bourdieu, *Ce que parler veut dire,* Paris, Fayard, 1982〔稲賀繁美訳『話すということ』藤原書店〕）。

2） もちろん、著者に認められている「哲学者」という身分や、哲学界の階層におけるその地位が分かる目印・バッジ（大学での肩書、出版社、あるいは全く端的に固有名詞）ほど、こうしたことの役に立つものはない。その効果を知るには、次のことを考えてみるだけでよい。発電所とライン川にかかった古い橋について書かれたハイデガーの文章（cf. M. Heidegger, *Essais et conférences, op. cit.,* pp. 21-22「技術への問い」）をハイデガー注釈者のひとりが読むと、筆者ハイデガーは「エコロジー闘争の最初の理論家」であると讃えられることになる（R. Schérer, *Heidegger,* Paris, Seghers, 1973, p. 5）のだが、もしその筆者として記された名前が、エコロジー運動の指導者であった場合、生活向上大臣であった場合、左翼高校生のセク

になってはじめてストラスブール大学教授に任命された、もうひとりの高名なユダヤ人知識人ジンメルと同様、カッシーラーは、大学教員資格を取るに際してはディルタイの支持しか得られず、1919年まで教授に任命されなかった。そのとき彼は45歳であり、大学はヴァールブルク学院の所在地でもある新しい挑戦的なハンブルク大学であった（cf. F. Ringer, *op. cit.,* p. 137)。ヴァールブルク学院というのは、フランクフルトにあるマックス・ホルクハイマーの社会研究学院と並んで、ドイツの古い大学に対し、本当の挑戦を行なっているところである。この挑戦をまるめこむことは、ハイデガーやハイデガーが名前を上げている人びとによる挑戦ほど、容易ではない。

8） ここでも、ハイデガーがフッサール思想を徹底化させていることを、読み取れる。たびたび指摘されてきたように、フッサールは次第に時間性と歴史性に、より大きな重要性を認めるようになっていく（cf. A. Gurwitsch « The last work Edmund Husserl », *Philosophy and Phenomenological Research,* 16, 1955, pp. 380-399)。

9） Cf. J. Vuillemin, *op. cit.,* pp. 224, 295.

10） 出発点に連れ戻すという二重になった中途半端な革命である保守的革命の戦略の特殊性を理解するには、最初にあったものの再興という歴史的伝統に対するハイデガーの関係を、歴史についてのニーチェの見方と比較するだけでいい。ニーチェは、歴史主義の繁栄の中に、歴史主義の乗り越えを探し求め、時間の非連続性と相対性のうちに、断固とした決裂と能動的な忘却（たとえばギリシャ人の静的存在から解放してくれるような忘却）を見いだしている。

11） やがて哲学者ヤーヌスは、『ヒューマニズム書簡』中のマルクス主義をほめたたえるために、その思想のこうした側面を拠り所とすることになる。

12） Cf. M. Heidegger, *Débat sur le kantisme et la philosophie, Davos, op. cit.,* p. 46.

13） 同じ論理の中で、カッシーラーとハイデガーは、少なくとも、きわめて哲学的なものにしようとしている自分たちの討論から、自分たちそれぞれの立場の「経験的」基礎へのいかなる照合も排除することについては、意見が一致している（だからといって、両者が、客観化の効果を持つほのめかしを引っきりなしに行なうことを、差し控えるわけではない)。「私たちは、純論理的論証がほとんど期待されていないような地点にいる（……)。

第3章

1) ジャック・デリダが提示する『判断力批判』読解に関して私が示そうとしたように、「脱構築 déconstruction」なるものは、前提すべてを巻き込まないかぎり、「部分的革命」しか遂行できないことにならざるをえない。ここで言う「前提」とは、著者に「哲学者」という身分が要求され、その言説に「哲学的」威厳が要求されるために、前もって認知されていなければならない事柄、ということである(cf. P. Bourdieu, *La distinction, Critique sociale du jugement,* Paris, Ed, de Minuit, 1979, pp. 578-583, 〔石井洋二郎訳『ディスタンクシオンII』藤原書店, 383-390ページ〕)。

2) まさにこの第二の道を選ぶことによって、私は、哲学的レトリックの科学的客観化と「哲学的議論」のあいだの断絶を指し示すために、アルチュセールおよびバリバールに関して、はっきり偶像破壊的な漫画の言語を取り入れることになった(cf. P. Bourdieu, « La lecture de Marx : Quelques remarques critiques à propos de “Quelques remarques critiques à propos de *Lire le Capital*” », *Actes de la recherche en sciences sociales,* n° 5/6, nov. 1975, pp. 65-79)。

3) 歴史性が指示する仕事の大きさを前にすると、必要な厳密さの全体を歴史性に与えるためには不可欠のはずの(哲学的、歴史的、政治的等々の)知の全体を統御できない以上、「方法はその適用よりも重要である」と考えないわけにはいかない。

4) リチャードスンが指摘するとおりである。しかし、リチャードスンには、社会学主義の疑いはほとんどない。「二つの問題だけが、哲学的に受け入れ可能であった。認識についての批判的問題と価値についての批判的問題である」(W. J. Richardson, *op. cit.,* p. 27 ; 傍点はブルデュー)。領域の大きな効果のひとつは、まさに、受け入れ可能なものと受け入れ不可能なものについての(哲学的、科学的、芸術的等々の)特定の定義を押しつけることである。

5) Cf. J. Vuillemin, *op. cit.,* 特に pp. 211。また、以上の分析全体については、ハイデガーを扱った同書第三部(*op. cit.,* pp. 210-296)を参照のこと。

6) Cf. W. J. Richardson, *op. cit.,* p. 99.

7) この討論において、コスモポリタン的・都会的・ブルジョワ的な文化を継承する特権的知識人に敵対する「反逆者」という立派な役割をハイデガーに認める前に、次のことを知っておく必要がある。死の四年前の1914年

否していることを前衛主義的に正当化してくれるものを発見するのである。

22) カッシーラーがダボスの討論（*Débat sur le kantisme et la philosophie, Davos, op. cit.,* p. 25）でそれについて語っていることのうちに見られるように、同時代の人びとに最も衝撃を与えたのは、こうした日常的現実の復権である。

23) F. Stern, *The Politics of Cultural Despair,* Berkeley, University of California Press, 1961.

24) W. Z. Laqueur, *Young Germany, A History of the German Youth Movement,* London, Routledge, 1962, pp. 178-187.

25) ゲオルゲのスタイルは、一世代全体に模倣されながら、特に「青年運動 Jugendbewegung」を介して、広く受け入れられていった。この運動は、ゲオルゲの主張する貴族主義的理想主義と、「無味乾燥な合理主義」に対してゲオルゲが示す蔑視とに魅了されたのである。「彼のスタイルが模倣され、いくつかの文章が繰り返し引用されたものだ。いちど見た炎をいつまでも追い続けようとする者、冠も紋章も保証とならないような新たな活動性への欲求、総統と総統旗（これが嵐や恐るべき前ぶれを突っ切って未来へと人びとを導く）、といった話である」（W. Z. Laqueur, *op. cit.,* p. 135）。

26) ハイデガーは、Gestellという言葉の自分の「専門的 technique」用法〔Ge-stell 立て－集め〕の正しさを示すために、はっきりと伝統——厳密に言えば、プラトンが εἶδος という言葉にほどこした意味変更——に言及している。「習慣的な意味づけに従えば、Gestell という言葉は、役に立つもの、たとえば『本棚』を指す。『骸骨』も Gestell である。いま私たちが Gestell という言葉を使うとき強く求められる用法は、ちょうどこの骸骨のように、ぞっとするようなものである。言うまでもなく、勝手気ままなやり方のせいで、成熟した一民族語の単語がこのようにひどい扱いを受ける結果になったのである。この異常事態をさらに先まで押し進めていいものだろうか。もちろん、そんなことをしてはならない。ただ、この異常事態は、思想の古い慣用なのである」（M. Heidgger, « La question de la technique », in *Essais et conférences,* Paris, Gallimard, 1973, p. 27〔「技術への問い」〕）。ハイデガーは、一学生に向かって、「無秩序な勝手気まま」を告発する一方、「思想という職分を学ぶ」ことを勧めている（M. Heidegger, « La question de la technique », *op. cit.,* pp. 222-223）。

16) T. Cassirer, *Aus Meinem Leben mit Ernst Cassirer,* New York, 1950, pp. 165-167 (G. Schneeberger, *op. cit.,* pp. 7-9 に引用).

17) ヒュナーフェルトの伝えるところによれば、マールブルクでハイデガーは、「民俗衣装へ帰れ」と説くポスト・ロマン主義の画家オットー・ウベローデの理論に適うようなスーツを作らせていた。ぴたっとしたズボンとフロック・コートから成るこのアンサンブルが、「実存的スーツ」と呼ばれたのである (P. Hühnerfeld, *In Sachen Heidgger, Versuch über ein deutsches Genie,* München, List, 1961, p. 55)。

18) 「1918年に学生たちが戦場から戻ってきてまもなくの頃、ドイツの大学の哲学ゼミの中に、或る噂が広がりはじめた。あのフライブルク大学には、大げさな口髭をたくわえた道化役者みたいなエトムント・フッサールしかいないわけではなく、若い助手がひとりいて、哲学者というより電気設備の点検にきた電気屋に見えるほど風采の上がらない男だが、光り輝くようなたいへんな個性を持っている、というのだ」(P. Hühnerfeld, *op. cit.,* p. 28)。

19) 知的世界に対するハイデガーの関係全体が、見えないところでどのように反ユダヤ主義によって規定されているかを、完全に理解するためには、おそらくハイデガーに染み込んでいたイデオロギー的雰囲気全体を捉えなおさなければならないだろう。たとえば、ユダヤ人と近代、あるいはユダヤ人と破壊的批判を結びつける論調は、いたるところで、特に反マルクス主義者が書いたものの中に、見かけられる。たとえば、ベルリン大学教授H・フォン・トライチュケは、19世紀末に民族イデオロギーを宣伝したことで有名だが、ユダヤ人たちは近代性を田園に導入することによってドイツの農民階級を破壊した、とユダヤ人を告発している (cf. G. L. Mosse, *op. cit.,* p. 201)。

20) ハイデガー、1953年9月24日付け *Die Zeit* 宛書簡、パルミエによる引用 (J.-M. Palmier, *op. cit.,* p. 281)。こうした対立は、保守思想の中では、いくらでも見いだせる (たとえば次のものを読めばいい Zola, *La débâcle*)。

21) 詩というものは、芸術のうちで最も学校教育的性格が染み込んだものであるから、特に詩に関する再発見や再興を行なおうという前衛主義は、大学人の家系に生まれつかなかった大学人にぴたっとなじむものであった。彼らは、知的世界に溶け込めず、あらゆる美的前衛運動 (たとえば映画や絵画の表現主義) を拒否し、古風な決意の中に、自分が近代的なものを拒

8) W. Windelband, *Die Philosophie im deutschen Geistesleben des 19. Jahrhunderts,* Tübingen, 1927, pp. 83-84 (F. Ringer, *op. cit.,* p. 307 に引用).

9) G. Gurvich, *Les tendances actuelles de la philosophie allemande,* Paris, Vrin1930, p. 168.

10) Cf. F. Ringer, *op. cit.,* p. 213.

11) H. Cohen, *Ethik des reinen Willens,* Berlin, Cassirer, 1904, (H. Dussort, *L'Ecole de Marbourg,* Paris, P.U.F., 1963, p. 20 に引用（アンリ・デュソールは、この左翼のカント主義の延長上にやがてオーストリアのマルクス主義者マックス・アードラー、特にその『カントとマルクス主義』が現われる、と指摘している)。

12) F. Ringer, *op. cit.,* p. 309.

13) これに、同じ単語の実際には相容れない複数の意味（たとえば rapporter という動詞は、主語が犬なら「獲物を持ち帰る」、投資なら「収益を生む」、子供なら「告げ口する」という意味になる）を同時に生み出したり理解したりできる、という大学教員ないし文法学者特有の（知能テストで計られるような）能力を、付け加えておくべきかもしれない。

14) G. Schneeberger, *op. cit.,* p. 4.

15) この文章に上げられているさまざまな否認の態度は、どれもよく知られている。そうは言っても、ナチス運動への加担の意味、そしてそれに関連した事柄の意味をさらにしっかり見極めるためには、次のことを思い起さねばならない。よく言われるように国民社会主義のイデオロギーはそもそも、どれほどあいまいなものであったとしても、このイデオロギーのほんとうの姿は、兆候としてきわめて明瞭に、ずっと以前から大学そのものの内部で現われていたのである。1894年以後、ユダヤ人学生は、オーストリアや南ドイツでは、学生の「親睦団体」から排除されるようになり、北ドイツでは改宗を条件に受け入れられた。さらに、1919年、ドイツのあらゆる親睦団体が、ユダヤ人の「法定限界人数 numerus clausus」を定めるよう要求して、「アイゼナッハ決議」に同調すると、排除は全面的になった。学生たちのあいだで巻き起こったユダヤ人排斥のデモに呼応しながら、教員組織内でも、1932年にハイデルベルクやブレスラウで起こったような、ユダヤ人や左翼の教員たちに対する攻撃が多発していた。こうした決定的な点においても、ドイツの大学は、ナチズムへと向かう運動の前衛に位置していたのである。

る。)

第2章

1) 戦闘的な非政治主義については、ニーチェの『反時代的考察』(これは実際には告発の書である) 以来、たびたび言及されてきた。戦闘的な非政治主義とは、ドイツの大学人のエトスの基礎に存在しているものであって、内面性に対する崇拝の中へ、そして内面性と密接につながる芸術に対する崇拝の中へ閉じこもることである。ルードヴィヒ・クルチウスによれば、純学術的な利害関心ばかりを念頭においた、社会集団としてのドイツの大学教員たちが、ナチズムに直面したとき示した異常なまでの受動性は、政治と文化のあいだのこの社会的・心的な断絶に原因がある (cf. L. Curtius, *Deutscher und antiker Geist,* Stuttgart, 1950, pp. 335 sq.)。

2) この点を理解するには、ハイデガーがユンガーの概念 (たとえば「類型Typus」)をどのように扱っているか見ておけば十分である。

3) Cf. J. Vuillemin, *L'héritage kantien et la révolution copernicienne,* Paris, P. U. F., 1954. ジュール・ヴュイユマンは、カント主義についての三つの主要な「読解」をそれぞれの体系において考察し、それら三つの読解の継承関係についての一種の理念史を再構成している。この継承関係の原動力は否定性であって、フィヒテをコーエンが否定し、コーエンをハイデガーが否定するとされるが、その経過にともなって、カント主義の重心が弁証論から分析論へと、さらには感性論へと移動する、とされる。

4) F. Ringer, *op. cit.,* p. 103.

5) E. Everth, (G. Castellan, *L'Allemagne de Weimar, 1918-1933,* Paris, A. Colin, 1969, pp. 291-292 に引用)。

6) 哲学の臆見は、あいかわらずこうした特徴を持っているから、ドイツその他の国の哲学者が本書のようなテキストにどのような反応を示すかは、おおよそ予想がつく。(1987年の注。ヴィクトル・ファリアスの著作がフランスで引き起こした論争において、ハイデガー主義者であるなしにかかわらず、哲学者たちが熟考の上で沈黙していることほど、哲学と社会科学のあいだの構造的関係が永続性を持つ、ということを証拠立てるものはない。)

7) Cf. H. A. Grunsberg, *Der Einbruch des Judentums in die Philosophie,* Berlin, Junker und Dünnhaupt, 1937.

であって、たとえば顎髭を剃ったり、髪を変わったかたちに刈ったり、頭にぴったりのヘルメットを被ったりするという、外的な手段で強調されている」(E. Jünger, *Der Arbeiter, in* : *Werke, op. cit.,* p. 117)。

61) エルンスト・カッシーラーが伝える次のような逸話について考えてみよう。「アメリカ人の客に話しかけようとしていたドイツ人の食料品屋に向かって、私は、『自由が捨て去られたとき、何かかけがえのないものが失われてしまった』という私たちの思いを語った。彼は答えた。『あなたはまったく分かっていない。昔、私たちは選挙、政党、投票のことについて、あれこれ考えなければならなかった。私たちには責任があったわけです。いまでは私たちにはそんなものは少しもない。いまや、私たちは自由になったんですよ』」(S. Raushenbush, *The March of Fascism,* New Haven, Yale University Press, 1939, p. 40, E. Cassirer, *The Myth of the State,* New Haven, Yale University Press, 1946, p. 362, n. 4 に引用)。

62) M. Heidegger, « Contribution à la question de l'être », *Questions I,* Paris, Gallimard, 1968, p. 206.

63) M. Heidegger, Discours du 30 octobre 1933, (J.-M. Palmier, *op. cit.,* p. 123 ; に引用。傍点はブルデュー)。

64) M. Heidegger, « La question de la technique », *Essais et conférences, op. cit.,* pp. 44-47.

65) E. Jünger, *Der Arbeiter, in* : *Werke, op. cit.,* pp. 63-66, 90-91.

66) M. F. Burnyeat, « The Sceptic in his place and time » in R. Rorty, J. B. Schneewind and Q. Skinner (eds), *Philosophy in History,* Cambridge, Cambridge University Press, 1984, p. 251.

67) J.-M. Palmier, *op. cit.,* p. 196.

68) M. Heidgger, « Contribution à la question de l'être », *Questions I, op. cit.,* pp. 204-206, 208.

69) M. Heidgger, *Introduction à la métaphysique,* Paris, Gallimard, 1967, pp. 201-202.

70) S. Rosen, *op. cit.,* pp. 114-119. (1987年の注。哲学テキストのうちで最も純存在論的なテキストの中に、ナチズムを捨てることのしたたかな拒否が見いだされる、ということは注目すべきである。ヴィクトル・ファリアスは、たとえば党員費が引き続き支払われていたことのように、その時以来、この拒否がもっと物質的なかたちで現われたものを、発見したのであ

を結びつけ、やがて「社会学はユダヤ人の科学である」と言うようになるが、こうした結びつけが、ニヒリズムという概念のナチス固有の用法すべての基礎に、横たわっているのである。

54） Cf. H. Lebovics, *Social Conservatism and the Middle Classes in Germany, 1914-1933,* Princeton, Princeton University Press, 1969, pp. 49-78. ゾンバルトの著作のこのような簡単な紹介を読むとき、忘れてはならないことがある。ゾンバルトの著作の特徴の大半（上掲書では無視されている）は、その著作が経済の領域のものであるということから来ている。同じことが（上掲書109–138ページで分析される）オトマール・シュパンの思想についても言えるだろう。シュパンの「全体」優位の主張は、個人主義を糾弾し、平等主義を糾弾し、そしてロック、ヒューム、ヴォルテール、リカードゥ、マルクス、ダーウィン、フロイトといった、すべての汚れた思想潮流の、すべての呪われたスポークスマンを糾弾する。この主張に基づき、シュパンは正真正銘の超保守的な政治的存在論を提示するが、この政治的存在論は、（プラトンに見せかけてはいるものの）或る国家社会学に由来する認識形式の多元性を、知識階級の人間のいくつかの階級に対応させるのである。

55） ハバーマスは（出典を明かさずに）エルンスト・ユンガーのいくつかの人種主義的な宣言を引用している（cf. J. Habermas, *Profils philosophiques et politiques,* Paris, Gallimard, 1974, pp. 53, 55）。

56） E. Jünger, *Der Arbeiter, in* : *Werke, op. cit.,* p. 66.

57） ここでもう一度『メトロポリス』のラスト・シーンについて考えてみよう。理想主義的な反逆者である支配者の息子は、白ずくめのいでたちで、職工長と支配者を握手させるが、マリアは（心の中で）こう呟く。「心が調停者の役割を果たさなければ、手と脳のあいだには、理解などありえないわ」（cf. Fritz Lang, *Metropolis,* Classic Film Scripts, London, Lorrimer publishing, 1973, p. 130）。

58） E. Jünger, *Der Arbeiter, in* : *Werke, op. cit.,* p. 173.

59） Cf. H. Lebovics, *op. cit.,* p. 84.

60）「この人物が与えた第一印象は、或る空しさと画一性である。これと同じ画一性が、さまざまな動物種や外国の人間たちのあいだで、個人の識別を難しくしている。純生理学的に見てまず気づくのは、仮面のように硬直した顔つきである。この仮面のような顔立ちは、後天的に獲得されたもの

論は、つねに行為者・制度・教員・学校・教科などによって用いられており、それゆえ社会的諸関係の中に挿入されている。したがって、概念上の革命は領域構造の革命と切り離すことはできず、諸教科間ないし諸学校間の境界線は、科学の進歩の条件になることが多い新種形成にとって、大きな障害となる。

47) この言葉は、「新保守主義者」「若い保守主義者」「ドイツの社会主義者」「保守的社会主義者」「国民的革命家」「国民的ボルシェヴィキ主義者」と自ら名のっている人びとの全体を指すために、フーゴー・フォン・ホフマンスタールが作り出したものである。慣例では、シュペングラー、ユンガー、オットー・シュトラッサー、ニーキッシュ、エトガル・J・ユンクなどが、このカテゴリーに入るとされている。

48) 自分たちの社会的地位を何としても護ろうとし、特に文化の問題に関して自分たちと労働者たちとの違いを際立たせたがっているプチブルを排除しないエリート主義、貴族的でないエリート主義であるかぎりにおいて、民族的言説は、サラリーマンへと広がり、彼らの労働組合のうち最大のDHV を獲得することができた。DHV は、大きな財政的援助を行い、民族的作家の名を世間に広め（cf. G. L. Mosse, *op. cit.,* p. 259)、そのことをとおして「サラリーマンが自分自身を見る見方をロマン主義的なものにすること」に、そして手仕事職人的な過去へ戻るというノスタルジーをあおることに、一役買っている（260ページ）。

49) F. Ringer, *op. cit.,* p. 223, に引用。

50) Cf. H. G. Gadamer, 書評：P. Bourdieu, *Die politische Ontologie Martin Heideggers,* Frankfurt, Syndikat, 1975, *Philosophische Rundschau,* n°s 1-2, 1979, pp. 143-149.

51) ハイデガーのナチズムを巡る論争が前もって無かったら、ハイデガー専門家が——もちろんハイデガーを擁護しようとしながら——ハイデガーの真理がこれほど書かれているこの書物を読む気にならなかった、という点は重要だ（cf. J.-M. Palmier, *Les écrits politiques de Heidegger,* Paris, Ed. de L'Herne, 1968, pp. 165-293)。

52) O. Spengler, *L'homme et la technique, op. cit.,* pp. 35-36.

53) ゾンバルトは、人種主義（これらの思想家たちに共通な特徴のひとつ）を公言し、それに導かれて、マルクス主義の根本に「ユダヤ人の精神」を認めることになる。ハンス・ノイマンは批判的思想とマルクス主義と、本来の精神性や教養ある智恵といったものとの対立を核にして、組織されている（cf. N. Elias, *Über den Prozess der Zivilisation,* vol. 1, Bâle, Hans zum Falken, 1939, pp. 1-64〔波田節夫他訳、エリアス『文明化の過程』法政大学出版局〕）。

38) アルミーン・モーラーは、「ドイツのレーニン主義」と「異教的帝国主義」のあいだ、「庶民的社会主義」と「新たなリアリズム」のあいだで、最もかけ離れた運動の中にさえ或る共通のムードの基本成分を見いだしながらも、少なくとも百に及ぶ流派を見分けている（cf. A. Mohler, *Die konservative Revolution in Deutschland,* Stuttgart, 1950）。

39) 特に若者の運動における、ヘルダーリンへの関心は、おそらく、分裂し断片となったものをひとつの世界へと何としても統合しようという激しい思いをヘルダーリンが持っていたことから、また、自分自身の社会に疎遠になり断片となった人間と分裂したドイツとの対応関係をヘルダーリンのおかげで見いだせるようになったことから、説明できよう（cf. P. Gay, *op. cit.,* pp. 58-59）。

40) M. Schapiro, « Nature of abstract art », *Marxist Quarterly,* I, Jan. Mar. 1937, pp. 77-98.

41) F. Stern, *The Politics of Cultural Despair, A Study in the Rise of the Germanic Ideology,* Berkeley-Los Angeles-London, University of California Press, 1961, pp. XVI-XVIII〔中道寿一訳、スターン『文化的絶望の政治』三嶺書房〕.

42) Cf. I. Deak, *Weimar's Germany Left-Wing Intellectuals, A Political History of the Weltbühne and its Circle,* Berkeley-Los Angeles, University of California Press, 1968 ; F. Stern, *op. cit.* こうしたイデオロギー構築の重要なファクターのひとつは、知的世界におけるユダヤ人の高い地位である。彼らは、最大手の出版社、文芸雑誌、画廊などを所有し、演劇、映画、批評において重要な地位を占めている（cf. F. Stern, *op. cit.,* p. 28）。

43) Cf. M. Weber, *Le savant et le politique, op. cit.,* pp. 65-66.

44) E. Jünger, *Der Arbeiter, in* : *Werke, op. cit.,* p. 296.

45) Cf. F. Ringer, *op. cit.,* p. 394.

46) ゲーム感覚は、概念空間へ向かわせる「理論的」感覚であるとともに、行為者と制度の社会空間――この内部で軌道が定義される――へ向かわせる社会的感覚でもあって、この二つの感覚は不可分である。概念ないし理

いるので、自分の身を護ることはほとんどできない」(E, Jünger, *Traité du rebelle, op. cit.,* pp. 32, 55 ; 傍点はブルデュー)。

32) 「この段階では、ひとは人間を動物学的存在として扱わざるをえなくなる (……)。そして、ひとはまず、粗雑な功利主義の周辺に辿り着き、次に獣性の周辺に辿り着く」(E. Jünger, *Traité du rebelle, op. cit.,* p. 76 ; 傍点はブルデュー)。

33) (……)「(或るフランス人の農民との) この出会いで私は、長い労働生活が人間に与える尊厳を知った。そして、いつもそうした人間たちが見せる慎み深さには、驚かされる。慎み深さとは、自分を際立てるための彼らなりのやり方なのである」(E. Jünger, *Jardins et routes, pages du journal, 1939-1940, op. cit.,* p. 161 ; 傍点はブルデュー)。

34) E, Jünger, *Traité du rebelle, op. cit.,* p. 89.

35) 「回帰する時間とは、持ち出し持ち帰るような時間である (……)。逆に、進歩する時間は、周期とか循環によってではなく、尺度との関係で計られる。それは、等質的時間である。(……) 回帰において、本質的なのは起源である。進歩において、本質的なのは最終段階である。周知のように、楽園は初めにある場合と、道程の果てにある場合があるのである」(E. Jünger, *Sur l'homme et le temps,* t. II, *Traité du sablier* (Das Sanduhrbuch), Monaco, Ed, de Rocher, 1957-1958, p. 66 ; 傍点はブルデュー)。

36) ユンガーは、eigen (自分自身の), Eigenschaft (固有性), Eigentlichkeit (本来性) に関するハイデガーの言葉遊び、マルクスふうに言うなら「Eigentum (所有物) と Eigenschaft (固有性) に関するブルジョワの言葉遊び」がきわめて見事に隠蔽していたものを、明らかにしてくれる。「不動産は実存的であり、その所有者に結びつき、その所有者の存在と不可分である」。あるいは「人間たちは互いに兄弟であるが、平等ではない」。次のようなもっとおおざっぱな否認になると、婉曲語法は、ハイデガーの場合よりかなり低レベルになっている。「それはまた、私たちの最終段階がロシア人に対する悪意にまで及ぶことはない、と言うことでもある。」(……)「私たちの意図は、政治や技術の舞台裏や団体を非難することではない」(E. Jünger, *Traité du rebelle, op. cit.,* pp. 57, 58, 117, 120)。

37) ノルベルト・エリアスは、この二つの項に結びついた「教養のある人びとの団体のネットワーク」を分析した。こうしたネットワークは、洗練された社会的形式、練り上げられた物腰、社交界のつきあいといったもの

けで安全な』場所ということである。しかし、『秘やかな』場所とは『非合法の』場所ということでもあって、この意味では、『異様な』ないし『怪しげな』場所に近い。さまざまな秘儀が、生と死のあいだの大きな対立と、さらに大きな両者の同一性を解読しようとしているが、私たちは、以上のような根に出会うと、そうした根がこの生死の対立と同一性を暴露している、という確信を持てるのである」(E. Jünger, *Traité du rebelle, op. cit.,* pp. 47, 68)。「シュヴァルツェンベルクの考えのひとつは、本来的な主権を打ち立てようとするなら、表層から祖先の深みへと潜りなおさなければならない、ということだった」(E. Jünger, *Visite à Godenholm,* Paris, Chr. Bourgois, 1968, p. 15 ; 傍点はブルデュー)。

29) 「このような(大災害がやって来ると感じられるような)とき、行動はつねに、隷従より危険を好むエリートの手に移る。そして彼らの企てはつねに、思索から始まる。その思索は、まず時代批判とか、既成価値の欠陥についての意識といったかたちを取り、次に記憶についての意識というかたちになる。この記憶は、父祖たちや、より起源に近い父祖たちの階層秩序を、基準とみなすこともある。その場合、この記憶は、過去の再興へと向かうようになるだろう。危機が増大していけば、救済はより深く母祖のうちに求められ、こうした交渉によって原初的なエネルギーがほとばしることになろう。時代の列強といえども、このエネルギーをせきとめることはできない」(E. Jünder, *Traité du rebelle, op. cit.,* pp. 51)。「いつでもすでに、大文字の歴史の強制力よりも優れた、或る意識、或る智恵が存在していた。はじめは、そうした意識は、ごくわずかな精神のうちでのみ花開くことができた」(E. Jünger, *Visite à Godenholm, op. cit.,* p. 18 ; 傍点はブルデュー)。

30) 「ひとは、社会保障、健康保険、薬品工場、専門家などの世界のことを考えるものであるが、そうしたものなしで済ませられるときのほうが、ずっと強いのである」(*Traité du rebelle, op. cit.,* p. 93)。「国家は悪平等化する(……)。保障国家、快適国家、福祉国家は」(E. Jünger, *L'Etat universel, op. cit.,* p. 28 ; 傍点はブルデュー)。

31) 「こうした接収、平価切り下げ、軍国化、清算、合理化、共有化、電化、土地台帳改変、分配、拡散はすべて、文化も性格も前提していない。むしろ、文化も性格も、自動装置に損害を与えるのである」。少し先には、こうある。「諸存在は、集団とその諸構造のうちに、きちんとはめ込まれて

わしいものはないだろう。その瞬間、突然、光と影の対立が際立つ。その瞬間、進歩についての思い上がりがパニックに遭遇し、最高の快適さが無にぶつかって砕け散り、自動装置が交通事故の大災害にぶつかって役立たずになるのである」(E. Jünger, *Traité du rebelle, op. cit.,* p. 42 ; 傍点はブルデュー)。

25) 「……他方、それ［＝道］は、底辺の奴隷収容所や屠殺場の方へと下っていく。そこでは粗野な人びとが、大量殺人を引き起こすような同盟を、科学技術とのあいだに結んでいる。そこでは、ひと (on) はもはやひとつの運命ではなく、ひとつの番号以上の何ものでもない。しかるに、自分の運命をつかむか、番号として扱われるままになるか、というジレンマは、今日たしかに各人が解決しなければならないものであるが、それに決着をつけられるのは、どんな人の場合でも、自分ひとりだけである (……)。集団の力が勢いを増すにしたがって、個人は、何世紀にもわたって形成されてきた組織から孤立し、孤独になるのである」(E. Jünger, *Traité du rebelle, op. cit.,* p. 47 ; 傍点はブルデュー)。

26) 「反逆者について言えば、私たちが『反逆者』と呼ぶのは、宇宙の運行によって自分の祖国を失い自分の祖国から孤立して、結局、無に身を委ねている者のことである (……)。要するに、自らの本性の法則によって自由と関係するようになった者は誰でも、反逆者である。この自由との関係が、時の流れの中で、自動装置に対する反抗へと反逆者を導くのである (……)」(E. Jünger, *Traité du rebelle, op. cit.,* p. 39)。「アナキストとは超保守主義者のことである (……)。アナキストが保守主義者と異なるのは、後者の努力がひとつの階級に向かうのに対し、前者の努力は人間そのものの状態に向かう点である」(……)。「アナキストは、伝統も分裂も知らない。アナキストは、国家や組織に徴用されたいとも服従したいとも思わない (……)。アナキストは、兵士でも労働者でもないのである」(E. Jünger, *L'Etat universel, op. cit.,* pp. 112, 114 ; 傍点はブルデュー)。

27) E. Jünger, *Traité du rebelle, op. cit.,* p. 19.

28) 「無が勝利を収めているとすれば、そのとき差異は、昼と夜の差異と同じくらい徹底したものとなって、存在する。一方で道は、至高の王国、生命を賭した犠牲的行為、死んでも武器を手離さない戦士の運命の方へと、上っていく。」(……)「森は秘やかな場所である。『秘やかな』場所とは、外界からしっかり閉ざされた家庭や安全な要塞のように、『親密な内輪だ

の養成、「情動教育」、等々が重視され、「知的資質」の新しいタイプと、知識人の「能力」の新しい定義を押しつけようとする意志が表現されている。

17) K. A. von Müller, *Deutsche Geschichte,* p. 26 (F. Ringer, *op. cit.,* p. 222 に引用)。

18) H. Güntert, *Deutscher Geist : Drei Vorträge,* Bühl-Baden, 1932, p. 14 (F. Ringer, *op. cit.,* pp. 249-250 に引用)。F・リンガーのメモ (たとえば彼が上掲書214ページで引用している宣言を参照のこと) の延長上に、大学人の貴族主義の発想・表現の型を調査すべきかもしれない。こうした型は、同じ反感を皆で分かち持つ機会とか、皆が共に抱いている不安を一緒になって追い払う機会のような、特に荘厳な場面の演説の中に見つけることができる。

19) 言説がもっと厳しく検閲を受けるようになると、こうした社会的幻想が突然闖入することは、少なくなる。たとえばハイデガーの著作では、そのような闖入は、まったく例外的である。

20) H. P. Schwarz, *Der konservative Anarchist : Politik und Zeitkritik Ernst Jüngers,* Freiburg, Rombach, 1962.

21) S. Rosen, *Nihilism : A Philosophical Essay,* New Haven and London, Yale University Press, 1969, p. 114.

22) E. Jünger, *Sur l'homme et le temps,* t. I, *Traité du rebelle* (Der Waldgang), Monaco, Ed. du Rocher, 1957-1958.

23) E. Jünger, *Traité du rebelle, op. cit.,* pp. 39, 51.

24) 「必然性の大陸が位置する半球の輪郭は、これで粗描し終わったことにしよう。そこでは技術・典型・集団といった現実が、あるときは堂々とした姿で、またあるときは恐るべき様相で、現われていた。これから私たちは、もうひとつの極へ向かおう。そこは、個人がただたんに自ら被る衝撃にのみ従って行動する、などということはなくなる場所である」(E. Jünger, *Traité du rebelle, op. cit.,* p. 61)「作業現場の風景の中で、中央部分を占めているのは、自動人形たちである。しかし、こうした状態は、かりそめのものでしかないはずである。どんな欠損も、どんな撤退も、あらたな充実や占領の到来を予告し、どんな衰退も、変貌や回帰を予告しているのだから」(E. Jünger, *L'Etat universel,* Paris, Gallimrd, 1962, p. 22)。「『運命的瞬間』という言葉には、おそらく、タイタニック号が沈んだ瞬間ほど、ふさ

Verlag Aalen, 1966, pp. 653-677, erste Aufl. Tübingen, 1925.（1987年の注。この一節は、歴史についての無知のおかげで、こうしたつまらない話題の最新版を発見して驚嘆するような人びとに捧げよう。こうした話題は、知的世界にはいつでも存在しているのであって、周期的に訪れる流行の波頭のように、とびとびに現われるにすぎないのである。）

9） G. L. Mosse, *op. cit.,* p. 150.

10） 高等教育の学生数は、1913-1914年に72,064だったものが、1931-1932年には117,811、つまり1.64倍になる。「インフレのあいだに、授業料の相対的低下のせいで学生数が急増した」（cf. G. Castellan, *L'Allemagne de Weimar, 1918-1933,* Paris, A. Colin, 1969, p. 251）のである。また、この急増の結果については以下を参照のこと。F. Ringer, *The Decline of the German Mandarins, The German Academic Community, 1890-1933,* Cambridge, Harvard University Press, 1969〔西村稔訳、リンガー『読書人の没落』名古屋大学出版会〕.

11） ゲイによって引用されているフランツ・ノイマンの証言を参照のこと。P. Gay, *op. cit.,* p. 43.

12） 「近代主義的」批判について、また、1918年以前の大学におけるその代表者たち（ケルシェンシュタイナー、フィルヒョウ、ツィーグラー、レーマン）について、そして特にその後の代表者たち（レオポルド・フォン・ヴィーゼ、パウル・ナトルプ、アルフレッド・フィーアカント、マックス・シェーラー）については、以下を参照せよ。F. Ringer, *op. cti.,* 特に pp. 269-282.

13） G. L. Mosse, *op. cit.,* p. 150.

14） M. Weber, *Le savant et le politique,* Paris, Plon, 1959, p. 57.

15） 大学における昇進はきわめて不安定だったので、学生や助手は冗談めかして「もう何年度か経つと、ぼくらは失業者になれるかな」などと言っていた。教員はといえば、彼らの経済状況はすでにインフレの影響をもろに被っていた。彼らの一人が、自分の著書の序言の中で、占領軍の一兵卒がドイツ最高の学者の二、三倍の給与をもらっている、と嘆いてもおかしくなかった（E. Bethe, *Homer,* Leipzig und Bonn, vol. 2, 1922, p. III）。

16） A. Fischer,（F. Ringer, *op. cit.,* pp. 412 sq. に引用）。フィッシャーが提案する教育改革の狙いは、内容それ自体からして、きわめて明白である。「総合」、直観的な総合的視点、（「観察」に対する）了解・解釈、「性格」

3) Cf. George L. Mosse, *The Crisis of German Ideolgy,* New York, The Universal Library, Grosset and Dunlap, 1964, pp. 149-170〔植村和秀・大川清丈訳、モッセ『フェルキッシュ革命』柏書房〕; E. Weymar, *Das Selbstverständnis der Deutschen,* Stuttgart, 1961 ; R. Minder, « Le “Lesebuch”, reflet de la conscience collective », *Allemagne d'aujourd'hui,* mai-juin 1967, p. 39-47.

4) 映画のあら筋は以下のとおり。西暦2000年、メトロポリスの支配者ヨー・フレーダーセンの息子フレーダーは、その国に君臨する貴族階級に対して反乱を起こす。貴族階級が、機械の設置されている部屋の下で、労働者たちに非人間的な地下生活をむりやり送らせたからである。女性労働者マリアは、国を統一してくれる或る調停者 Fürsprecher の到来を待つよう、仲間たちに説く。この救世主がフレーダーである。しかし彼の父は、フレーダーの「使命」を妨げようと、科学者ロートヴァンクに、マリアとそっくりで労働者たちに反乱を説くロボットを作らせる。計略は功を奏し、労働者たちは機械を破壊するが、それが引き金となって彼らの住居は洪水に見舞われる。労働者たちは、自分の子供たちが大災害で溺死したと思い、ロボットをつかまえ燃やしてしまう。しかし、ちょうどその時、フレーダーと本物のマリアは、子供たちを救い出していた。ロートヴァンクは、大聖堂の屋根の上にマリアを追い詰める。フレーダーがロートヴァンクのあとを追ってくる。取っ組み合っているうち、ロートヴァンクはバランスを崩し、地面に落ちて死ぬ。息子が危険に立ち向かったことに心を動かされたヨー・フレーダーセンは、悔い改め、労働者の代表が差し出す手を握りしめる。

5) E. Jünger, *Der Arbeiter,* Hambourg, Hanseatische Verlaganstalt, 1932. E. Jünger, *Werke,* Stuttgart, Ernst Klett, s.d., vol. VI, に収められている。

6) ハイデガーは、ドストエフスキー（さらにニーチェ、キルケゴール、ディルタイ）を読んだことを、学生時代の忘れがたい経験のうちに数え上げている（cf. O. Pöggeler, *La pensée de Heidegger,* Paris, Aubier, 1967, p. 31〔大橋良介・溝口宏平訳、ペゲラー『ハイデッガーの根本問題』晃洋書房〕）。

7) Cf. O. Spengler, *L'homme et la technique*（*Der Mensch und die Technik,* 1931）, Paris, Gallimard, 1958, pp. 147-148〔駒井義昭・尾崎恭一訳『人間と技術』富士書房〕.（傍点はブルデュー）。

8) Cf. E. Troeltsch, « Die Revolution in der Wissenschaft », in *Gesammelte Schriften,* t. 4. Aufsätze zur Geistesgeschichte und Religionssoziologie, Scientia,

139-159, ドイツ語原文は以下参照。G. Schneeberger, *Nachlese zu Heidegger,* Bern, 1962)。

5) P. Gay, *Weimar Culture, The Outsider as Insider,* London, Secker and Warburg, 1968, p. 84.

6) W. J. Richardson, *op. cit.,* pp. 255-258.

7) K. Löwith, « Les implications politiques de la philosophie de l'existence chez Heidegger », *Les Temps modernes,* 2e année, 1946, pp. 343-360.

8) ハイデガーの著作は、社会史に対し、ナチズムの問題と秩序の点でよく似た問題を提起する。ナチズムが「ドイツの歴史的発展の特殊性」の問題を提起しているのと同様、彼の著作は、ドイツ哲学の相対的に自律した歴史全体の帰結かつ完成を代表するかぎり、ドイツの大学と知識人階級の発展の特殊性についての問題を提起するのである。この二つの問題が互いに独立したものでないことは明らかである。(cf. G. Luckács, « Über einige Eigentümlichkeiten der geschichtlichen Entwicklung Deutschlands », in *Die Zerstörung der Vernunft,* Berlin, 1955, pp. 31-74)。

9) 分析用具も資料も持たないこうした唯物論者たちには、ただ、諸真理に注意を向けるよう、うながしてやるだけでいいかもしれない。彼らは、おうへいに教訓や評価を口にするのをやめて、その代わりに一度でも科学的分析を行なっていたら、そうした真理を彼ら自身で発見できたはずだからである。(cf. N. Poulantzas, *Pouvoir politique et classes sociales,* Paris, Maspero, 1971)。しかし彼らは、その教訓・評価をマルクス『フランスにおける階級闘争』に寄せたエンゲルスの「序文」に照らし合わせてみれば、その教訓・評価をそのままの形で、もっとよく理解するようになるはずである。そこでエンゲルスは、「唯物論的方法」が「最終的な経済的諸原因」へと遡る努力をしながら出くわす実践的障害物を論じている (F. Engels, *Introduction* à K. Marx, *La lutte des classes en France,* Paris, Editions sociales, 1948, pp. 21-22)。

第1章

1) M. Heidegger, *Essais et conférences,* Paris Gallimard, 1973 (12e éd fr., 1958), p. 153〔「思惟とは何の謂いか」〕.

2) 革命が知識人のうちに引き起こした失望については、以下を参照。P. Gay, *op. cit.,* pp. 9-10.

原　注

序 論

1）ハミルトンによる引用。A. Hamilton, *L'illusion fasciste, Les intellectuels et le fascisme, 1919-1945,* Paris, Gallimard, 1973, p. 166.

2）F. Fédier, « Trois attaques contre Heidegger », *Critique,* 1966, n° 234, pp. 883-904 ; « A propos de Heidegger »（R. Minder, J.-P. Faye, A. Patri), *Critique,* 1967, n° 237, pp. 289-297 ; F. Fédier, « A propos de Heidegger », *Critique,* 1967, n° 242, pp. 672-686 ; « A propos de Heidegger »（F. Bondy, F. Fédier), *Critique,* 1968, n° 251, pp. 433-437.（1987年の注。このことは、ファリアスの著作についても、あいかわらず言える。Victor Farias, *Heidegger et le nazisme,* Lagrasse, Verdier, 1987〔山本尤訳『ハイデガーとナチズム』名古屋大学出版会〕。この著作は、いくつかの新事実を明らかにしたにしても、あいかわらず作品の門口にとどまっており、たとえ作品に入ってもむりやり土足で踏み込むようなことしかしておらず、たびたび、内的読解の擁護者に有利になるような結果をもたらしている。だから、彼が口火を切った論争が二〇年前に展開されたそれを繰り返していても、何ら驚くべきことではない。）

3）ハイデガーが1939–1940年冬学期にユンガーの『労働者』について行なったセミナーは、目録に記載されることすらない。リチャードスンによるハイデガー著作目録（W. J. Richardson, *Heidegger, Through Phenomenology to Thought,* La Haye, Martinus Nijhoff, 1963, pp. 663-671）は、ハイデガー自身が目を通し注をほどこしているにもかかわらず、このセミナーを掲げていない（ハイデガーは、或る形の「本質性の戦略」によって、いつも一貫して文献情報を拒否してきたように思える。この戦略の核心は、思考＝思想を生の真理かつ基礎とみなす点にある）。

4）重要なものは、1933年11月３日の「学生に訴える」、1933年11月10日の「ドイツ人に訴える」、1934年１月23日の「労働奉仕に訴える」、とりわけ1933年５月27日の「ドイツの大学の自己主張」（cf. Martin Heidegger, « Discours et proclamations », J.-P. Faye による仏訳、*Médiations,* 1961, n° 3, pp.

訳者解説

本書は、Pierre BOURDIEU, *L'ontologie politique de Martin Heidegger*, Paris, Les Éditions de Minuit, 1988 の全訳である。

本書冒頭の「読者の皆様へ」で著者ブルデュー自身が断っているように、本書の前身は、著者自ら主宰する『社会科学研究学報 Actes de la recherche en sciences sociales』第五・六合併号（一九七五年十一月）に掲載された同じタイトルの論文（以下、「旧版」と呼ぶ）である。この旧版には、次のようなドイツ語訳がある。Pierre BOURDIEU, *Die politische Ontologie Martin Heideggers*, Frankfurt am Main, Syndikat, 1976.

ブルデューは、「読者の皆様へ」では、新版である本書と旧版の異同について、「ほんの少し異なるかたちで sous une forme légèrement différente」と述べ、新版で新たに注を付けたことと、叙述の順序を入れ替えたことだけを報告している。しかし、著者自身によるこの報告は必ずしも十分とは言えないので、多少補足しておこう。

まず、本文にも注にも、加筆・削除・移動がかなりある。注について言えば、少なくとも新版において新たに付された注は、ご覧のとおり、頭に「一九八七年の注」という断り書きが付された上、全体がカッコで括られ、ひとめで分かる体裁になっているので、基本的には大きな問題はない。しかし、本文の変更について、特にその構成の変更については、或る程度の説明が必要である。

実際、旧版と本書との構成上の対応関係は、だいぶ複雑なものになっている。だが、細かい変更に拘泥しなければ、旧版と本書の構成上の対応関係の、少なくとも大枠は、かなりはっきり把握することができる。旧版は全五章構成になっており、章タイトルだけで章番号が付されていない。そこで仮に旧版各章に章番号をふり、本書の各章に対応する旧版の章を示すと、次のようになる。本書「読者の皆様へ」（新稿）、「序論」（旧版第四章冒頭）、「第一章」（旧版第三章）、「第二章」（旧版第四章中程）、「第三章」（旧版第四章末尾、第五章前半）、「第四章」（旧版第一章）、「第五章」（旧版第二章）、「第六章」（旧版第五章後半）。

この対応関係をもとにして、旧版から新版への構成変更を以下のようにまとめることができる。

第一に、結論部に当たる最終部分（本書第六章／旧版第五章後半）は動いていない。著者ブルデューは、本書最終章で展開した結論を、すでに一九七五年の時点で我がものとしていた、と言っていいだろう。

第二に、この結論部を除けば、本書はおおよそ「旧版の初めの二つの章を後半にまわした」あるいは同じことであるが「旧版の後の三つの章を前半にまわした」ものである、と言える。つまり読者が目にしている本書「序論」から「第三章」の部分と「第四・五章」は、旧版では順序が逆であった。

第三に、その本書「第四・五章」は、それ自体として見れば、基本的に旧版のかたちをそのまま維持している。つまりこの部分は、たしかに後半に回されたものの、内部構成は、基本的に変更されていない。

第四に、ちょうど逆になるが、本書の前半部分（つまり旧版の第三章から第五章前半までの部分）

には、特に章の「区切り」において、かなりの変更が加えられている。端的に言えば、本書前半では、旧版第四章がこの新版「序論」「第二章」「第三章」の三つの部分に切り分けられる格好になっている。

要するに、旧版から新版への構成変更のポイントは、右述の第二点「前半－後半の入れ替え」と、第四点「新版前半部分の新たな区切り」である。

＊

さて、この構成変更は、内容の点からすると、いかなる意味があるのか。読者は、本書の前半三章と後半三章が、それぞれⅠ部・Ⅱ部と呼んでもいいくらいの内容的まとまりをもっていることに、気づかれたであろう。簡単に言えば、前半では「ハイデガー哲学と時代」の関係が論じられ、後半では「ハイデガーの哲学表現」が分析されている。このことをおさえた上で、本書の全体を概観しておこう。

まず**序論**で、本書の基本軸となる「ハイデガー哲学と時代」の関係が、明確に設定される。哲学は、その時代の政治社会状況から距離を取り、時代に対して或る自律性を持っている。ナチスへの加担をたてに告発する者たちは、この距離を無視し、ハイデガー哲学を単純な一般的時代状況へ還元しようとする。もちろん、哲学者といえども時代の子であり、ハイデガー崇拝者が望むような「純粋性」など持ちえないが、かといって単純に、ハイデガーを当時の政治思想家のひとりとみなすことはできない。ハイデガー哲学を単純に時代の一般的な政治状況から完全に自律したものとみなすことができないのと同様、逆にその政治状況に単純に還元することもできないのである。哲学は、その時代から相対的に自律している。いいかえれば、特殊な仕方で時代のうちに取り込まれ、特殊な時代性を持っている。この相対性・特殊性をこそ、発見しなければならない。したがって、ハイデガー哲学は、その相対的自律性の面から「哲学的」に読むと同時に、その特殊な時代性の面から「政治的」に読む必要があるのである。

本書でブルデュー自身はほとんど語っていないが、こうした「二重の読解」というブルデューの戦略がきわめて大きな射程を持っていることは、誰の眼にも明らかであろう。端的に言えば、従来の一般的な「政治」概念の破壊・拡大・深化である。従来の「政治」概念は、あまりにも狭すぎる。「哲学」という従来の「政治」から最も離れたと見える文化領域においてすら、「政治」は発見できるのである。だからといって、従来の「政治」概念の中身をそのままにして、ただたんにその適用範囲を拡大するだけでは、概念の単純な誤用である。「政治」概念の中身を刷新しなければならない。つまり、「哲学」が特殊例となるような「政治」概念を発見する必要があるのである。

第一章では「時代」が描かれる。つまり、ハイデガー哲学の背景として、「民族的 völkisch イデオロギー」が広がる独特な時代の雰囲気が描かれるのである。「政治的読解」のための背景描写である。ここでブルデューが指摘するのは、こうした政治イデオロギー状況の真っ只中にいた何人かの非哲学的思想家とハイデガーとの類似である。シュペングラー、特にユンガーとの類似が指摘されている。

第二章では、新カント学派を中心に置いた、当時の哲学界の状況が描かれる。「哲学的読解」のための背景描写である。「哲学と時代」という基本軸からすれば、ポイントは当然、「時代」によりも「自律」に置かれている。しかし、もちろん哲学界と当時の政治状況の対応が無視されるわけではないが、この両者の対応が主題的に論じられるのは**第三章**である。その章のタイトル「哲学における『保守的革命』」に端的に現われているように、著者によれば、ハイデガーは、哲学界において「保守的革命」を行なおうとした。政治イデオロギーの領域と哲学の領域は、離れてはいるものの、対応関係を持っている。ブルデューは、こうした両者の関係を「相同的 homologue」という言葉で表現している。ハイデガーは、まさに二つの相同的な領域の結節点に位置するのである。

序論・第二章・第三章に当たる部分は、右述したように旧版ではひとつの章であったが、このように区分された結果、めりはりがかなりはっきりした、と言えよう。「二重の読解」は、「序論」として冒頭に設定され、本書全体を貫くハイデガー読解の基本姿勢として提示されることになった。旧版では、これが本書第一章の「政治的読解」の後に来ていたが、本書のようにその読解に先立つ位置に置かれることによって、その読解が「二重の読解のうちのひとつ」であるということが明確になった。また、第二章と第三章という別の章立てにすることによって、「哲学的読解」(第二章)と「二つの読解の対応づけ」(第三章)という二つの作業のそれぞれが明確に浮かび上がることにもなった。

さて、本書後半でブルデューが照準を合わせるのは「ハイデガーの哲学表現」である。**第四章**ではハイデガーの哲学的文体が、**第五章**ではハイデガーが読者に要求する読解・解釈の仕方、最後の**第六章**では、ハイデガー自身によるハイデガー哲学の読解・解釈が、徹底して分析される。厳密な意味でブルデューのハイデガー読解と呼べるのは、この本書後半部であろう。前半部では「哲学と時代」の関係が扱われたにしても、重点は「時代」に置かれていた。ハイデガー哲学のうちに「保守的革命」を読み込むことがめざされたのである。後半では逆に、重点は「哲学」に、しかもたんに「哲学界」にではなくハイデガーの「哲学作品」それ自体に移る。一種の「内在的読解」が始まるのである。したがって、この後半部が無ければ、本書も、「哲学作品」それ自体に踏み込まない表面的ハイデガー論とみなされていたかもしれない。

ただし、ブルデューの「内在的読解」は、従来のそれとまったく異なっている。いわゆる「内在的読解」とは、哲学という領域が行なう「検閲」に従って、哲学の領域内の読者を想定しながら行なわれる。つまり、どれほど批判的な読解であれ、それが「哲学的」となるためには、「哲学的」文体で

「哲学的」権威のもとで「哲学的」問題設定に従って表現されなければならない。通常の「内在的読解」は、まさに「哲学的読解」であるかぎりにおいて、こうした哲学界の検閲システムを明らかにするどころか、そのシステムに全面的に服従し、そのシステムを隠蔽し強化している。ブルデューの「内在的読解」が明らかにするのは、哲学者という「明晰さの専門家に特有な盲目」をもたらすこのシステムである。ハイデガーの哲学作品に「内在」するとは、その哲学を貫くこのシステムを、ハイデガーの作品それ自体において洞察することに他ならない。逆に言えば、この洞察がないかぎり、「内在」は「加担」でしかない。ジャック・デリダをはじめとする「哲学者」たちに対するブルデューの批判は、この点にきわまる。

このように本書の全体を概観してみると、旧版の「前半―後半の入れ替え」の意味が多少推測できるように思える。本書前半のベースには、「哲学は時代の政治社会的現実を反映する」というマルクス的発想が認められ、後半のベースには、「検閲システムのうちで抑圧された表現は、逆説的に真実を表現する」というフロイト的発想が確認できる。本書で展開されたブルデューのハイデガー論の核心は、このマルクス的発想をこのフロイト的発想で補って、「ハイデガー哲学は同時代の政治社会的現実を逆説的に表現している」ととらえた点にある。旧版では、フロイトを前半に、マルクスを後半に置いていたが、本書ではその順番を逆にしたわけだ。簡単に言えば、「逆説的表現」よりも「反映」のほうが分かりやすいのである

＊

我が国の哲学研究者たちに「二〇世紀最大の哲学者は誰か」と尋ねれば、おおむね「ハイデガー」という答えが返ってくるはずである。そしてその理由は、表面的には多種多様であれ、詰まるところ

「最も哲学的である」ということになるだろう。「哲学的」とは、第一に同時代の政治ないし社会から距離を取って「自律」し「純粋」であること、しかも第二に、そのことによってこの時代の全体を深く考えていること、そして第三に、その考察において哲学史を踏まえ過去の哲学者と批判的に対話していること（これが「思想家」と区別され「哲学者」と呼ばれるための最低必要条件である）、さらに第四に、その思索を厳密で論理的な哲学的文体で表現すること（ひとめで分かる「哲学らしさ」はここにある）、最後に、その業績が哲学の専門家集団によって「正統」と認められていること、等々のことであろう。要するに「哲学的」とは、その自律性ないし純粋性（同時代の政治・社会からの超脱性）、時代性（自らの時代についての根本的洞察）、伝統性（哲学的伝統の咀嚼・利用）、表現性（自らの自律性・時代性の独特な表現）、正統性（哲学界での評価）などの要素が統合されたものである。

おそらくハイデガー哲学は、この要素をすべて兼ね備えている。だから「最大の哲学者」なのである。その最大の魅力は、自律性と時代性を結びつける点に、つまり「この時代の最も根本的な問題を、最も自律的に考え抜いた者」というイメージを読者に与える点にある。伝統性・表現性・正統性は、このイメージを補うために総動員され、最大の効果を発揮する。ハイデガー哲学は、「時代の最も根本的な問題を、最も自律的に考え抜いた思想」として、哲学史の伝統を批判的に継承しつつ、「高尚な」哲学的文体で表現され、解釈者・注釈者を通じ哲学界で圧倒的な「正統性」を獲得したのである。

このような諸要素すべてを考慮しなければ、ハイデガー哲学の全体はとらえられない。本書は、そうしたハイデガー哲学の全体をとらえようという、おそらく初めての試みである。ただしブルデューの最終的な力点は、もちろん自律性と時代性の関係に置かれている。つまり、ハイデガー哲学がその時代を「逆説的に表現する」という点である。「逆説的な表現」とは、「自律」を装いつつ実は「同時代の政治社会的現実」を密かに支えにしながら、その現実をいわば「匂わせつつ隠蔽する」というハイデガー哲学の戦略のことである。ブルデューは、この哲学表現の逆説性の解明に全力を集中した上で、ハイデガー哲学という「本質的思考は本質的なことを思考しなかった」という結論を引き出す。ブルデューの全体的視点の下で、ハイデガー哲学の全貌が巨大な哲学的構築物として浮かび上がると同時に、この構築物は、ちょうど一枚の札が抜き取られた「トランプの城」のように、読者の目の前で崩れ落ちるのである。おそらく本書は、ハイデガー自身が最も恐れていたハイデガー論である。

＊

本書の原書の出版は一九八八年で、翻訳を引き受けたのは、その直後であったはずだから、すでにほぼ十年の月日が流れたことになる。このような小著の翻訳に、これほどの時間がかかってしまったことについて、ひと言、釈明しておかなければなるまい。この十年間は、大学改革や在外研究で多忙であったことは確かだが、本書翻訳の遅延の本質的な理由は「多忙」ではなく、本書の「内容」にある。だからといって、ブルデューの主張が難解で咀嚼に時間がかかったというわけではない。むしろ逆であった。私は、ほぼ二〇年ほど前、すでに本書の旧版にあたる論文を読んでおり、本書の内容は、右述したとおり多少の変更があるにしても、基本的には旧版と同じであり、きわめて明快であった。遅延の本質的理由は、この「明快さ」にあるような気がする。はじめは歯が立たないような難解さを備えたものが、なんとか読みすすめるうちに次第に少しずつ解明されてくる、というのが翻訳作業の魅力である。本書には、このような魅力を発見することが、なかなかできなかったのである。端的に言えば、はじめ私には、本書が、多少手がこんでいるものの結局は「哲学を社会的現実に単純に還元するもの」、したがって「古くさいマルクス主義的反映論の残滓」と見え、翻訳のエネルギーがどうしても湧かなかった。

しかし、藤原書店の督促にしぶしぶ応じる形で、あらためて読み直してみると、その「反映」は、大前提として本書を貫いているにしても、本書はその大前提に全面依存しているのではなく、むしろ逆にその大前提を具体的にさまざまな道具を用いて論証しようと努力していることに気がついた。「反映」は「逆説的な表現」として把握しなおされると、まったく別のものになる。「哲学」と「社会的現実」の境界線は、「反映」という厚みゼロから、「逆説的な表現」という問題の宝庫へと、大転換を遂げることになるのである。この問題の宝庫を探索しなおそうということで、それからは翻訳は一気に進んだ。

この間、辛抱強くお待ちいただいた藤原書店店主 藤原良雄氏には、翻訳作業の遅れを深くお詫びするとともに、訳者のわがままを許していただいたことを、心から感謝したい。また、制作作業全般にわたって、編集部 清藤洋氏にはたいへんお世話になった。清藤氏は、訳文全体について丁寧に眼をとおされ、きわめて適切なアドヴァイス、質問等を寄せてくださった。厚くお礼申し上げたい。原文の疑問については、多くの友人・知人にご教示願った。お名前はあげないが、ここに謝意を表する次第である。

決して楽観は許されないが、本書の公刊を機に、新千年紀の幕開けにふさわしい、新たなハイデガー論争が活発に展開されることを望みたい。

一九九九年十二月

訳　者

ら　行

わ　行

ま　行

や　行

は　行

た 行

な 行

さ　行

索　引

原書の索引は人名を主とした簡略なものであったので、
日本語版の索引は訳者がオリジナルに作成した。

あ　行

か　行

訳者紹介

桑田 禮彰（くわた・のりあき）

1949年、東京都生まれ。一橋大学大学院社会学研究科博士課程満期退学。現在、駒澤大学外国語部教授。専攻、フランス現代思想。著書に『フーコーの系譜学』（講談社）、共編著に『ミシェル・フーコー　1926-1984』（新評論）、共著書に『対峙の倫理』、『大学改革とは何か』、『震災の思想』、『大学改革最前線』（以上、藤原書店）、訳書に、ドムナク『世紀末を越える思想』（新評論）、共訳書に、マシュレ『ヘーゲルかスピノザか』、ジャンケレヴィッチ『アンリ・ベルクソン』（以上、新評論）などがある。

ハイデガーの政治《せいじ》的《てき》存在論《そんざいろん》

2000年1月30日　初版第1刷発行©

訳　者　桑田禮彰
発行者　藤原良雄
発行所　株式会社藤原書店

〒162-0041　東京都新宿区早稲田鶴巻町523
電話 03（5272）0301
FAX 03（5272）0450
振替 00160-4-17013

印刷　白陽舎　製本　河上製本

落丁本・乱丁本はお取替えいたします
定価はカバーに表示してあります

Printed in Japan
ISBN4-89434-161-1